最高にして最後の恋が叶う41の恋愛名著

本当に使える恋愛本を1冊にまとめてみた

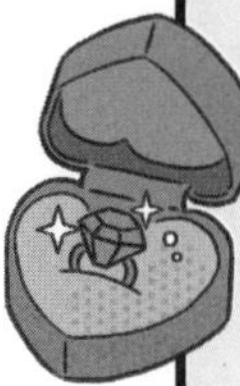

藤本冬蘭 著
ぐっどうぃる博士 監修

廣済堂出版

はじめに

ぐっどうぃる博士

この本を手に取ったあなたへ

この本は、恋愛で苦しみ、すぐに正しい解決方法を見つけたい女性に向けて書かれたものです。

彼の気持ちがわからず、その答えが書かれた書籍を探し回ったり、いろいろな動画を見たり、恋愛記事を読んだり、それらを実践したけれど、何が正しいかわからず行き詰まっている女性のために書かれたものです。

もう少し詳しくお話しします。

あなたは、次のような悩みを抱えているかもしれません。

どうしたら彼の気持ちがわかるのか？

はじめに

どうしたら復縁できるのか？
どうしたら両思いになれるのか？
どうしたら彼が結婚してくれるのか？

あるいは、
なぜ自分は男を見る目がないのだろう？
どうしていつも苦しい恋愛ばかりするのだろう？
私を好きになってくれる男性なんているのだろうか？

それに答える情報はネットを検索すればすぐにリストとなって出てきます。YouTubeを検索すれば、恋愛系YouTuberがわかりやすく答えてくれるでしょう。

問題なのはそれが正しいかどうか、自分の役に立つかどうかがわからない点にあります。

この世界には情報は溢《あふ》れているけど、どれが正しいかがわからないのです。

冷たくなった彼に対して「すぐに彼に連絡をしなさい」と書いてある記事があり、その一方で「半年は連絡をしてはいけない」と言うYouTuberがいます。しかも、彼らは自信たっぷりに、根拠を示しながらそう言い、フォローワーも「お陰で仲良くなれました」「彼とうまくいくようになりました！」とコメントしていたりします。それはそうです。どんなハウツーでもそれをしたらうまくいく人が少なからずいるからです。

また彼らのほとんどは嘘つきではありません。ある動画配信者の女性は、実際に男性に尽くして尽くして、男性に飽きられて酷い扱いをされていた。ある時、そんな男性に愛想を尽かして放っておいたら急に恋愛がうまくいくようになり、それを動画にしたら支持された。別のＳＮＳで人気になった恋愛ハウツー系インフルエンサーは、わがままで男性を振り回し、多くの男性に愛想を尽かされ、そのことを反省して、男性に優しくし、尽くすように振る舞ったら、愛されるようになった。この２人は互いに矛盾するコンテンツを配信するかもしれません。ですがすべてが彼らにとって真実です。

書籍はどうでしょう？

書籍は動画配信やＳＮＳ、ネット記事とは異なり、出版社が売れると見込んで厳選したものですし、文章のプロや、その分野に詳しい人が関わり、YouTubeよりも読み手を意識したものがほとんどです。クオリティや信頼度はインターネットのコンテンツよりも高いでしょう。

それでも問題はあります。たとえば誰もが薦める名著でも、時間が経てば、新しい本にとって変わり、書棚から消えてしまいます。

また、先輩方があなたに薦める名著を、なんとか図書館などで掘り出した場合でも、最初の出版から時間が経つうちに、今の時代に合わなくなっている可能性があります。

バブル期にもてはやされた価値観が、現代にそぐわないことがあるとか、スマートフォンのない時代とある時代ではコミュニケーションの仕方が変わってしまったというのがその例です。

厳選された恋愛ハウツー本

これらを解決するのが、この本です。つまり、古今東西の恋愛ハウツー本を知り尽くした女性が選ぶ、厳選された恋愛ハウツー本まとめです。

繰り返しになりますが、情報が溢れる現在は良質な「まとめ本」を世の中が求めています。現在売れている本のかなり多くがまとめ本だと感じます。

ただ、心理学、哲学、自己啓発、ライフハック、健康などのジャンルにはまとめ本があるのに、恋愛ハウツーをまとめた本が見当たりません。ここまで「自分に役立つ知見が必要」かつ「玉石混淆《ぎょくせきこんこう》」のジャンルはないのに、恋愛ハウツーのまとめ本が見つからないのです。

この本は、そんな時代の中、出版されるべくして出版されました。それにもっとも適した藤本冬蘭さんが著しています。藤本冬蘭さんは、自身も多くの恋愛をしながら、

5000冊以上の恋愛ハウツー本を20年にわたって読み続けています。その藤本冬蘭さんと恋愛本の著者である僕goodwill（ぐっどうぃる博士）と廣済堂出版の編集者とが議論に議論を重ね、数年をかけて41冊を厳選してまとめたものなのです。

乱暴に言ってしまうと、あなたがこの41冊を理解すれば、古今東西の恋愛ハウツーを理解したと思って良いでしょう。最善の恋愛ハウツーを備えて、今の困った状況に対処できることになりますし、今後困ったらどの本を読めば良いか、どの本に何が書いてあるか、どう読めば良いかがわかるということです。

そういう意味では、恋愛相談を職業にしている方も参考にすることをお勧めします。また、占い師、臨床心理士、整体師、美容師、ネイリスト、精神科医、結婚相談所の仲人など、職業柄恋愛相談をされる方の参考書としても役立つはずです。

読み方

この本は、「この中に今の貴女に当てはまるものはありますか？」のページ（P.10～）を見て、あなたが現在困っている箇所、興味がある箇所をまず読んでください。そこに書いてあることを実践するだけであなたの恋愛は劇的によくなるでしょう。興味がない箇所や、自分と合わないと感じた箇所を読む必要はありません。

一方で、その内容に興味がある場合は、その箇所だけでなく、その書籍のオリジナルを読み、その著者の別の本をどんどん読んでみましょう。

（ここで、あなたはYouTubeの書籍まとめを見たくなるかもしれませんが、お勧めしません。なぜなら書籍をまとめたYouTubeも玉石混淆で、その書籍の本当の内容を理解していない方がまとめると、本質からはずれた内容を受け取ることになり、著者の伝えたい知識や知恵が得られない上に、読んだ気になってしまうからです）

現在困っている箇所を読み終えたら、そうでない箇所も読んでみましょう。恋愛ハウツーの分野は奥深く、コミュニケーションスキル、男性心理、自分の感情のコントロール、ファッション、体の関係、駆け引き、女性としての生き方など多岐にわたっています。また著者の立場や専門もさまざまです。

たとえば、一部の書籍を学び、目的の彼を思い通りにできるようになったとしても、その彼は、あなたを不幸にする男性という可能性があります。その場合はどんな男性を選ぶべきかを学ぶ必要があるでしょう。

また、その両方を学んでも、まだあなたは苦しんでいるかもしれません。苦しむ原因は、あなたの考え方の癖にあるかもしれないし、恋愛そのものの性質を知らないからかもしれないし、それとはまた別の理由かもしれません。

その場合、あなたはこのまとめ本のさらに別の書籍を読む必要があります。

そのような恋愛ハウツーのジャンルの奥深さは、これら41冊を読んでいくと徐々に見えてくるものです。この本を買った当初あなたが興味を持てず読み飛ばした書籍も、一つのジャンルを身につけたとき、読みたくなることもあるでしょう。あるいは再び恋愛に悩んだときに、別の書籍を読むと、見えてきたりします。

こうして、あなたの恋愛スキルは磨かれ、恋愛に対する考え方、男性に対する接し方などを身につけていき、幻想のない、行き過ぎた期待のない、自然で幸福な恋愛を手に入れられるのだと思っています。

最後に

巻末の41冊目に書かれたANNAさんの本は、本当は最初の方に置くべき本でした。なぜならあなたが幸せになるためにもっとも重要なことの一つ「ものさし」を教えてくれるものだからです。ですが、この本では最後に取り上げられています。というのも、目の前の男性の心を手に入れたいと苦しんでいる女性にとって、「ものさし」の重要性は理解できないからです。

では、これを読んでいる皆様。目次から自分の読みたい本をまずは読んでみてください。皆様の恋愛は、この本を読む前よりずっとうまくいくようになり、恋愛はいいものだなあと思うようになり、以前よりずっと男性を愛おしく感じるようになり、自分を好きになれると思います。

ぐっどうぃる博士

この中に今の貴女に当てはまるものはありますか？

「自分の気持ちと同じ！」と思ったら、まずは「…」のページを読んでみてください。

どうしても彼と仲良くなりたい！	1－2 1－3 2－6 3－3
彼と両想いになりたいなぁ……	1－1 3－4 5－8
どうも恋愛が続かない	2－4 5－2 5－3 5－4 6－1
彼に言いたいことが言えなくてツラい……	5－6 5－7
時々彼にイラっとくる	1－6 2－2 2－3 2－4 2－7 5－2 5－6
彼に嫌われた!! どうしよう!?	1－8 3－4 4－8 5－2
元彼とまたつき合いたい……	1－7 1－8

とりあえず彼を早く忘れたい	1－5 2－3 2－8
恋愛で絶対幸せになる！	2－2 3－8 4－1 4－4 4－8 6－1
やっぱり結婚したい！	4－1 4－3 4－4 4－5 4－6 4－7 4－8
少しでも見た目の魅力を底上げしたい!!	1－1 1－2 3－1 3－4 3－5 3－7
こんな自分が大嫌い!!	2－1 2－6 2－8 3－5 3－7 4－2 4－5
〝つまらない女〟を卒業したい！	1－4 2－5
LINEってどうも苦手……	1－3 1－6
マッチングアプリでいい出会いを狙っている	4－3 4－5

楽しすぎて、あとから思い出してはニヤニヤしてしまうデートがしたい	1−3 1−4 2−6 3−8
彼に自分を追わせたい！	1−8 3−2 3−3 3−4 3−8
もっといいセックスがしたいなぁ……	3−6
やっぱりモテたいし、できるものならチヤホヤされたい	2−2 2−5 3−1 3−5 4−1
万人受けする〝癒し系彼女〟になりたい！	1−4 2−4 5−3 5−4 5−5
本当はセフレじゃなくて、本命彼女になりたい……	1−1 1−5
〝ハイスペ男子〟大好き！	3−2 3−4 3−8 4−2 4−7
私の恋が上手くいかないのは親ガチャに外れたせいかも	2−8 4−4 5−4

この中に今の貴女に当てはまるものはありますか？

マジで〝恋愛沼〟から抜け出したい！	1−2 1−5 2−1 2−2 2−3 2−4 5−4 5−7 5−8
ありのままで愛されたいと思うのは、罪ですか？	2−5 2−6 2−8 4−2 4−3 5−8
メンタル弱いけど（むしろ弱いから）パートナーが欲しい	4−6
私は〝繊細さん〟。だけど普通に恋がしたい	2−7
恋愛に駆け引きはアリだと思います!!	1−8 3−1 3−2 3−3 4−1
〝クズ〟〝ダメンズ〟〝ヤリチン〟のローテを断ち切りたい	2−1 2−8 4−1 4−2
〝愛する〟ってそもそも何？	2−1 5−1 5−3 5−5 5−8
恋愛本やネットの恋愛記事をいくら読んでも、恋が上手くいかない……	6−1

本当に使える恋愛本を1冊にまとめてみた　目次

Chapter 1

恋

わけがわからないほど、好きになってしまった貴女のための8冊

Chapter 2

心

希望と絶望の行ったり来たりを止めるための8冊

Chapter 3

魅

女に生まれて良かったと実感するための8冊

Chapter 4

婚

私と彼とをつなぐ透明な指輪が欲しくなったら読む8冊

Chapter 5

愛

これが愛だと感じたら、それが愛。愛について考えるための8冊

この中に今の貴女に当てはまるものはありますか?

Chapter 6

幸

幸せの青い鳥は、貴女の手の中にある

※本文中の青色部分は紹介している書籍からの引用箇所です。
本書は著作権の引用のルールに基づき製作・編集を行っております。

Chapter 1

恋

わけがわからないほど、
好きになってしまった
貴女のための8冊

自分は愛されている、
と思っている女はいつも魅力があるものだ。

——伊藤整『変容』より

1-1

彼に自分のことを好きにさせる恋愛戦術

下田美咲『新型ぶりっこのススメ 彼に恋させる、計算ずくの恋愛戦略』
KADOKAWA、2016

絶賛片想い中である・競争率の高そうな男性を狙って自分から獲りに行きたい・つき合っているけど、どう見ても私のほうが彼に夢中なのをどうにかしたい……そんな方に特におすすめ。

すべての恋愛はどちらかの〝片想い〟から、始まります。

恋愛指南書の歴史をひも解きますと、昔から「女性は好きバレ禁止、そうしないと男性はその女性に興味を失う」という強力なメソッドが存在していることもあり、好意の表明をためらう女性が多いようです。自分に自信なんてないし、彼を追いかけて嫌われるくらいなら、黙って心の中で想っているだけでよい、と。

ですが、積極的に〝好き〟をアピールし、片想いだった男性を射止める女性も昔から存在します。

また、最初は男性からのアプローチで始まった恋なのに、いつのまにか自分のほうが彼のことを好きになり追っている……両想い風の〝実質片想い〟になってしまうことも本当によくあります。

そうなってから焦って彼に尽くし始め、重い女性になってしまうことがある一方で、上手に自分の好意を表現し、最終的には彼に「こんなに自分を想ってくれている人には、もう会えないかも」と思わせてしまう愛し方があります。

この本のテーマは、〝好きな人の好きな人になるための方法〟。

いいな、と想う男性がいるすべての女性におすすめです。

〝貴女が追う恋〟を〝彼が追いかける恋〟に変える

1 彼に〝好き〟を知らせて、彼の〝眼中〟に入る

まずは、彼に「俺のことを好きな子」として、良い意味で〝意識〟してもらいます。

とはいえ、それは告白するということではなく「今日も会えてうれしかった♥」「いつもありがとう、大好き！」「楽しかった！」などの言葉で、全面的に好意を伝えるということ。

相手が特に返事をしなくてもいいくらいの軽さで、さりげなく好きアピールをしましょう。

告白は、こういった「好き」を積《つ》み重《かさ》ね、水面下で両想《りょうおも》いが仕上がってからするのが

基本です。(P.19)

2 彼に対して常に「……そこまでしてくれるんだ」と思ってもらえるよう行動する

いつも彼の隣をキープし、あらゆる言葉、独り言でさえも拾って、それに楽しそうに反応します。彼をいつも特別扱いすることで、彼の中にも貴女を特別視する芽を育みましょう。ここは辛抱強く粘り強く、お願いします。

3 見た目は彼の好みに徹底的に寄せる

好きになってくれた人の中から恋人を選ぶのなら、ありのままの貴女でもOKですが、狙っている彼を落としたいなら、彼好みのかわいさを目指すしかありません。

女子受けはいらないので、たとえば美容院では、「30代前半の公務員タイプの男性が好みそうなヘアスタイルでお願いします」とオーダーし、お洋服も彼に聞けるなら「どっちがかわいいと思う?」などと、雑誌やスマホ片手に質問してみましょう。

好きな相手にかわいいと思われる格好《かっこう》をすることは、めちゃくちゃ大事です。片想《かたおも》い期間《きかん》はもちろんのこと、つき合っている場合でも、彼《かれ》が自分にキュンとするように、ムラムラするように、相手の心に影響力《えいきょうりょく》のある外見づくりをすることは、自分と恋をすることを選《えら》んでくれた相手への思いやりです。(P.29)

4「片想いとは〝相思相愛になれていないすべての恋愛〟を指す」ことを理解する

だから、たとえつき合っていたとしても、貴女のほうが彼を好きな気持ちが大きいなら、それは〝片想い〟です。

5 片想いだという現実を見る

片想い期間に彼に〝好き〟を伝え続けることは勇気が必要ですし、その都度落ち込むこともたくさんあります。ですが、両想いを目指すなら、彼の心が動くまで一定期間「好き」を知らせ続けることが必要なのです。

6 好きな人とセフレ状態になっていたら、早急に〝好き〟を伝える

「今さら引かれたらどうしよう」「重い女だと思われたくない」という気持ちはわかりますが、セフレ状態だからこそ、早急に〝好き〟を伝えましょう。「好きだから、あなたとしてる」ということを伝えないと、誰とでもＯＫなセフレ文化のある女性だと思われてしまい、彼女への道からは遠ざかります。

7 抜きん出るために、普通の女性がしないことってなんだろうと考えて行動する

「普通は怒るよね」ということ……たとえば相手が遅刻したり、LINEの返信が遅かったりしても、会えることを喜び、無事に返信がきたことをうれしがる。このように、彼をとことん受容するという一貫した態度を取り続けましょう。

何かあった時に、ブーブー文句《もんく》を言うのは、誰《だれ》にでもできることです。彼《かれ》の心をつかむためには、普通《ふつう》ではないリアクションをしなくてはいけません。(P.22)

この時代だからこそ……あえて〝女性らしさ〟を強調する

恋愛《れんあい》において、「男女平等」は厳禁《げんきん》です。(P.142)

1 彼のことを徹底的に〝男扱い〟して頼る

荷物を持ってもらう、ドアは開けてもらう、目的地まで案内してもらう、スタバのトレイを持ってもらうなどなど。そのひとつひとつをいちいち「うれしい、ありがとう♡」と丁寧に拾って反応しましょう。

2 彼に「かわいいと思われたがっている」という気持ちが伝わるような、かわいい服装、声、態度でいる

このようにすることで、男性は素直に「俺のことを価値のある男だと思っているんだな（デレデレ）」と感じ、貴女のことをかわいいと思い始めます。これが新型ぶりっ子の心髄かもしれません。

3　彼の前では〝ドヤ顔〟は封印する

男性は、自分に自信がない女性が本当は大好き。スッピンは「見ちゃダメ」、少し崩れただらしない身体は「恥ずかしい」と思っているほうが、彼に貴女を愛おしく感じさせるポイントになります。

コンプレックス感というのは、最大のかわいげです。（P.45）

最後に……

人生で大事なことは「ギャルに訊け」。女性が生きづらい世の中において……特に〝女子力〟に関わる諸問題について、私が最も参考にするのは名だたるギャルたち（？）の意見です。オシャレなら益若つばささん、メイクなら門りょうさん、そして恋愛なら、やはり本書の著者である下田美咲さん。

計算高いって言われるけど、それは合ってる。いろんな方向から考えるし、諦めないから。（益若つばさ）

やりたいことを叶える方法はいくらでもある。自分の力で、絶対に幸せをつかみにいく（門りょう）

皆さん常識にとらわれず、自分のセンスや嗅覚を頼りに、物ごとの本質を見極める力がおありです。実力と魅力でトップに立つ彼女たちの度胸と地頭の良さに、私は大きな憧れと少しの嫉妬を感じます。

　酒井順子さんが『オリーブの罠』（講談社現代新書）で書いているように、〝元オリーブ少女〟である私にとって、昭和のヤンキー、平成以降のコギャル・ギャル文化圏は遠くから眺める存在です。だから、リアルでは友達になれそうにありませんが、これからも彼女たちの素敵なところを本やウェブ媒体などから参考にしていきたいと思っていますのでそこんとこ、夜露死苦。

1-2

文豪が伝授する「無理めな彼」の落とし方

水野敬也『運命の恋をかなえるスタンダール』文響社、2017

恋愛成就はかなわないなと思うくらい素敵な男性に出会ってしまい、片想いがつらくて悩んでいる・彼のスペックが自分と釣り合わない（相手が高すぎ）ので不安と絶望で苦しんでいる……そんな方に特におすすめ。

素敵すぎて気を失いそうになる男性に出会うこと、ありますよね。なんとしても手に入れたい……しかし自分と彼との魅力の差がありすぎる……。だけど、あきらめなくても大丈夫。世の中には「理想の彼氏とつき合えた」「結婚できた」という女性も結構いて、幸せに静かに暮らしているのです。なあに、普通に頑張っちゃえばいいのです。そのためにおすすめしたいのがこの本。

文豪スタンダールによる恋愛指南の名言

本書は、『赤と黒』『パルムの僧院』などで有名な文豪スタンダールが自著『恋愛論』から飛び出して、イケメン男子に片想いしている非モテ文学女子にアドバイスするという設定。やがて彼女は恋に目覚め輝いていく……そんな小説仕立ての恋愛指南書です。

その中から私が名言を選んでみました。

■名言その1

「恋は甘い花のようなものだ。しかしその花を摘《つ》むには、恐ろしい断崖絶壁の縁《ふち》まで行かねばならない」（P.61）

人は恋をすると周囲から笑われるかもしれないとか、振られたらどうしよう……などと悩みます。その相手が素敵であればあるほど、なおさら怖気づいてしまうけど、ここはもう思い切ってバンジージャンプするしかない。今までの自分から抜け出すため、行動を起こすのです。

急にメイクやファッションをかわいくし、女らしく振る舞いはじめた貴女を見て、周りの人たちはあれこれ噂したり、笑ったりするかもしれません。けれど、スタンダールは言います。

「ヴォレ!」(P.74)

ヴォレとはフランス語で「飛ぶ」という意味。

本気で意中の相手を手に入れたければ、思い切った行動を取れということ。その行動が自信を生みます。自信はまた新たな行動に向かう力となり……。

このように行動と自信を重ねることで、貴女は思いを遂げることができるようになるのです。

この小説の主人公の聡子も決意します。


ありきたりのことをしていては、今、私とマリウスの間にある、とてつもなく大きな魅力の溝は埋まるはずがない。(P.75)

(注:マリウスとは、聡子が片想いをしている男性に彼女がつけたあだ名のこと。『レミゼラブル』の登場人物から)

■名言その2

美は看板としては必要である。(P.55)

ネタ元のスタンダールの『恋愛論』では、「醜さは障害となってはいけない」とまで言い切っています……。まずは美しさで「周囲の評判になる」よう努力をすることが、恋愛では必要なのです。「周囲」が存在しないアプリやネットでの出会いにおいても、「きっと他の男は放っておかないだろうな」と思わせる程度にルックスを磨き上げましょう。

この本では、スタンダールが聡子に今まで着ていた「地味でダボダボの服」をすべて捨てさせ、周りの男性たちにファッション雑誌の中からいちばんかわいいと思う服を選んでもらったりしています。手っ取り早く、ならGoogleさんに探してもらいましょう。またメイク本を大量に読んで、練習することも推奨しています。

メイクは動画やアプリを参考にするのもいいけれど、やはり著名な専門家が書いたメイク本のテクニックには女性を美しくするための圧倒的な魔力が宿っています。メイク道具は、最初は１００均で似たような感じのものを買っても大丈夫です。いつか必ず「このメイクだ！」と心から納得できる、貴女にお似合いの方法が見つかるでしょう。それは、周りの男性の反応からでもわかります。

そうすることで、彼の心に「結晶作用」を作るのです！

「結晶作用」とは、スタンダールが作った文学史上有名な、恋愛における概念のことを言います。

■名言その3

「ザルツブルグの塩抗では、冬、葉を落とした木の枝を廃抗の奥深くに投げ込む。二、三か月して取り出して見ると、輝かしい結晶でおおわれている。一番細い枝ですら、眩《まばゆ》く揺れてきらめく無数のダイヤモンドで飾られているように見える。そのとき、も

う元の木の枝はどこにも存在しない」（P.56）

その辺に落ちている小枝のような女性でも、彼の頭の中ではキラッキラに輝くダイヤモンドに見えてしまっているという状態、それが「結晶作用」です。こうなると彼は「あばたもえくぼ」になるので、たとえ彼の目の前に貴女よりきれいな女性が現れても、貴女のほうが１００倍きれいに見えてしまうようになります。

だから、恋愛はいわば「結晶作用」を相手に作るか、もしくは自分が作ってしまうかのせめぎ合いであるとも言えるのです。

■名言その4

人間は失敗して、恥をかいて、悔しい思いをして初めて成長する生き物なの！　それが人生のベースメイクよ！　「悔しいからもっと綺麗になってやる」っていう人生のＣＣクリーム、大事にしていきなさい！（P.121）

聡子は美しくなろうと10冊以上のメイク本を読み、一生懸命メイクの練習をしました。しかしなかなか上達できず、ついには目に涙を溜めてしまいます。

そこでメイク本の読みすぎか、謎のお姉言葉を発するようになったスタンダールはこのように激励したのでした。

■名言その5

「悪女《ファム・ファタル》になることだ」(P.137)

悪女《ファム・ファタル》とは、男性に対して手に入りそうな期待と、手に入らなそうな不安とを同時に与えるような女性を言います。そのためにスタンダールが提案しているのは、悪戯をすること。

男にこちらからちょっかいを出すことで「オレに気があるのかな?」と思わせてしまうわけです。簡単すぎ。この本では「膝カックン」をしていますが、他にも、

●冷たいジュースのボトルを相手の首筋に当ててみる
●「〇〇くん」などと名前を呼び、振り向いたら「呼んでみただけ」と言ってみる
●いきなり脇腹をツンツンする

などの悪戯をおすすめします。ただし、くれぐれも笑顔とセットでお願いしますね。無表情でやるとただのヘンな人になってしまいます。

■名言その6

いつも鎮めなければならない小さな疑いがあること、これが絶えざる渇きとなって幸福な恋愛に生命を与えるのだ(P.207)

スタンダールは「男は裏切られたがっているのだ」と言います。気があるような、ない

ようなという悪女の振る舞いで裏切る。さらに「遊んでいるように見えて、料理が上手」「アウトドア好きなのに、哲学に詳しい」「オシャレ好きなのに、環境問題にも興味がある」など、人柄としても裏切る。やがて、彼の頭の中は貴女に対する疑問符でいっぱいになり、「結晶作用」が強まります。

■ **名言その7**

誰からも好かれる者は誰からも深く愛されない。（P.244）

愛されよう、好かれようとなんでも彼の言いなりになれば、つまらない女の出来上がり。そうならないためのこの本での答えは、「よい意味でわがままに振る舞え」ということ。デートでは自分が行きたいところ、食べたいもの、したいことをはっきり伝える。自分に自信のあるオンナは堂々と自分の希望を言えるものなのです。

■ **名言その8**

恋愛において、男はあまりにも安易な成功を軽蔑する。（P.54）

元ネタの『恋愛論』においても、相手が自分に感嘆しているとわかるまでは期待に沿った行動はつつしむように、とあります。相手の「結晶作用」を強めるのはいいけれど、自分の彼への結晶作用は極力強めないようにすることがいい恋愛をするコツなのです。

その方法としてこの本では、以下の３つを提唱しています。

1　「この人とつき合えたらいいな」「結婚できたら幸せだな」などの妄想は極力つつしむ

2　メールの内容をあれこれ悩むことは、相手について妄想することになり、自分の「結晶作用」を強めてしまう。その辺のおじさんに出すメールを出すつもりで考える

3　女友達に恋愛相談をしない。ガールズトークであれこれ彼のことを話題にしているうちに妄想が膨らみ、彼への「結晶作用」が強まってしまう

熱愛する女性に、実際のスタンダールは「変装」して会いに出かけますが、すぐに見つかって彼女から激しく叱責されてしまいます（史実です……）。「結晶作用」が強まると相手に対して「謎行動・謎言動」（本人の脳内では素敵なアイディア、気の利いた駆け引きのつもり）を繰り返し、引かれてしまうことが多いのです。貴女は身に覚えがありませんか？（私はあります涙）

■名言その9

情熱を持って恋をしたことがない人間には、人生の半分、それも美しい方の半分が隠されている。（P.318）

聡子は疑問に思います。人を好きになって「結晶作用」を強めてしまうと、相手を冷め

させてしまう可能性も高まる……じゃあ、どうして人は人を好きになるの、と。

やがて彼女はその答えをつかみます。彼に自分への「結晶作用」が起きたことで、私は思い切って自分を変えることができた。今まで知らなかった自分と出会い、たどり着けない世界にたどり着くことができたのだと。

> そこには、喜びだけじゃなく苦しみや悲しみもあるけれど、どれだけ妄想しても決してたどりつけない、「本当の世界」だ。(P.318)

最後に……

愛する彼のために自分を変えるのは、自己啓発本や恋愛指南書ではさらっと簡単そうに書いてあるけれど、実際は本当に大変……。メイクやお洋服を変えたり、やせたり、恋愛心理を修得したりするまでにはそれなりの「ド根性」「お金」「時間」が必要です。甘いスイーツを好きなだけ楽しみながらやせるのが無理なのと同様、涙がひとつもこぼれない笑顔あふれる大恋愛なんて、あり得ません。

ですが、そこまでしても彼を落としたいと目標に向かって行動できる貴女になれたとしたら、そんな男性に出会えたことは本当にラッキー。素敵すぎる男性に出会ったことは、人生を変える大チャンス到来なわけですから、どうせならしっかり乗っかりましょうね♡

1-3

ただの友達から彼女に昇格するための LINE＆デートテクニック

浅田悠介『わたしは愛される実験をはじめた。』KADOKAWA、2020

気になる彼を自然な形でデートに誘いたい・男性とのLINEのやり取りが苦手なので、楽しく続ける方法を知りたい・デートでは男性と楽しく過ごしたはずなのに、いつも次の誘いが来ないのはなぜ?……そんな方に特におすすめ。

恋愛が上手くいかない時……ふわっとした、ほんのひと時だけは癒してくれる気慰めや、指摘は鋭いけど具体的にどうしたらいいのかさっぱりわからないような恋愛指南書ではなく、本当に恋愛にズバッと効く「お薬」があったらいいのに……。特に今、私たちの頭を悩ませているのは男性とのLINEのやり取り。上手にLINEを利用して意中の彼とイイ感じになり、デートにつなげたい（けど、いつのまにかやり取りが途絶える）。

また、出会いツールの王道「マッチングアプリ」や、根強い人気の「合コン」から知り合って、何度かデートを重ね告白される流れを作りたい（けど、次のデートのお誘いがない）。……そんな、ありがちだけどなかなか解決できないお悩みに苦しんでいるのなら、こちらの本がきっと貴女の「特効薬」になるはずです。

恋愛における正しいLINEの使い方

この本ではモテる女性になる方法を〝恋愛認知学〟と呼んでいます。それはあらゆる手段を使って、男性に〝モテそうな女〟だと信じ込ませる技術のこと。なぜならこの世ではモテそうな女イコール、モテる女だからなのです。

本書における恋愛認知学でのLINEの定義を、以下に紹介します。

■LINEは、あくまでも、デートにこぎつけるためのツールである

やり取りを続けながら、デートの約束を取りつけることがLINEの本当の目的。

■LINEは、やり取りを重ね、最終的にはなんでも言い合える仲になるために使うもの

これを恋愛認知学では〝フランクシップ〟と呼びます。あくまで異性として意識しながらも、フランクにやり取りできる特別なポジションを狙うということです。

いったんフランクシップを結ぶことができれば、容易にデートに誘い出せるようになります。

■LINEは、最大限の細心さで考え抜いて、最大限の軽薄さで送るもの

返すのが面倒にならない、重くない、そしてガッツキ感のない短文を考えに考え抜いて、サラッと返すこと。迷ったらスタンプだけでいい（それも無料の）。普段から使えそうな無料スタンプを収集しておきましょう。

■LINEは、デートの許可が出たあとはさっさと日程を決めるために使うもの

著者が提唱する、LINEのやり取りからデートにつなげるための「15のメソッド」は次のようなものです。

1「十時すぎの黄金メソッド」　夜の十時以降が男性の9割にとって、返信しやすいタイミングになる。

2「短文の法則」　仲良しの友達と短文のラリーをする感じでやり取りをする。長文は相手にプレッシャーを与えるので原則禁止。

3「鏡の法則」　返信速度を相手と合わせることで「フィーリングが合いそうだ」と感じさせる。メッセージの長さや記号のクセなども合わせる。

4「ワンチャンLINE」　数か月以上やり取りが絶え、疎遠になっていたLINEを復活させるには、①シンプルで②クスッと笑える文章で送るのが肝心。

『日本寒すぎません？』
『〇〇〇（流行の映画）見たすぎて震える』
『人生ってなんでこんなに忙しいんでしょうね』（P.267）

5「絵文字カットの法則」 絵文字は相手に媚《こ》びる印象を与えるので使わない。

6「ディレクターズセオリー」 ひとつの話題に固執せず、次々と展開させる。映画の予告編のようにおいしいワンシーンをつなげて回し、興味を惹きつけるイメージで。

7「ノン・クエスチョン・メソッド」 疑問文を送る時に〝？〟をつけないことで、圧迫感を取り除く。

8「あと出しメソッド」 行事や記念日の時にあえて当日に送らない。少し日をずらし、印象づける。

9「さすがメソッド」 〝さすが〟という言葉は、相手を持ち上げて話を進められるキラーワード。

10「ダークシェア・メソッド」 悪口をシェアすることで共犯関係になる、ちょっと〝お行儀の悪い〟メソッド。この本では〝お酒が飲めない人〟を槍玉に挙げている。他に使えそうなアイテムとしてタバコ、糖質制限、ヴィーガン、ファストファッションなどなど、意見は分かれるけれど表立って言いにくいものがおすすめ。ただし〝性格悪いコ〟にならないよう気をつけて。

11 さっさと誘う フランクシップを重ね、ＯＫがもらえそうな空気感ができたらさっさと誘うこと。

12「直近メソッド」　「直近で行けるのはいつですか」と質問する。ビジネスでも友人相手でも重宝するメソッド。

13「候補日メソッド」　忙しくて直近メソッドが使えないか、さっと決めたい時は、普通に「来週の水曜日か土曜日ではどうですか」と候補日を提案してもいいが、土日を連続で提案しない（ヒマでモテない女と思われないため）。

14「チューニングLINE」　デートまで一週間以上空く場合は、テンションを保つため適宜LINEをする。デートの話題でなくてもいい。

15「ホールドLINE」　デートの前日や二日前に「仕事でちょっと遅れるかも」「改札出てから5番出口でいいですか」などをレコメンドする。

どんなデート相手でも心をつかむ。それにはコツがある

楽しい雰囲気でデートが終わり、帰り際に「次のデート」の話で盛り上がったのになぜ誘いが来ない？　なぜLINEは既読スルー？

それは「楽しく過ごせる」「感じのいい人と思われる」＝（イコール）「また会いたい」「本命彼女にしたい」ではないからなのです。

相手の心をつかむためには空気を読んだり、いい雰囲気を作ったりなど微妙な作業が必要ですが、誰でもとっつきやすい方法としてこの本では「キラークエスチョン」を提案し

ています。

> 「世界中の誰とでも飲みに行けるとしたら、誰にします？」
> 「最高の週末ってどんな感じです？」
> 「最後に人前で泣いたのっていつです？　それと一人で泣いたのも」（P.149）
>
> これらは素に戻らないと答えられない。だからこそ相手を理解する――されたと思わせる――ことができる。関係性を深めるとは、会話内容を深めることで、それは深い質問をすることなのだ。（P.149）

また、漫画家であり作家の山田玲司さんが著書、その名も『キラークエスチョン』（光文社新書）の中でおすすめしているのが、男性に「お父さんはどんな人？」と聞くこと。たいていの男の人生というのは「自分の父」がテーマになっていて、それがどんなに大きくても小さくても、超えられなくても失望していても、父親の存在は大きいのだとか。そこから、普段は見せない男の内面が表れるのだそう。「エロ話、バカ話だけの関係では本命の彼女になれないが、『父親の話』から本命の彼女になる女は確実にいると思う」と山田さんは述べています。

山田さんは他にも「あの人に人生を変えられちゃったな、という人のことを教えてください」「神様がひとつ願いを叶えてくれるとしたら、どうしますか？」などの質問を紹介しています。後者の「神様が〜」の質問について、なんとあの糸井重里さんから「聞かれるだけで嬉しくなっちゃうような質問だねー」と言われたのだそう。あの糸井さんを落とした質問、試してみたいですね。

最後に……

この本では「モテ」がテーマになっていて、タイトルに「愛される」という文言が入っていることから「モテること」は「愛されること」とほぼ同一視されているかと思います。

しかし、作家の鈴木涼美さんは「そもそもモテるとはいかなる事態かと考えれば、自分のターゲットであり自分も興味を寄せる相手であるかどうかにかかわらず、むしろ自分にとって興味が持てない相手からも興味を寄せられること、と言うことができる。俗な言い回しに、モテると愛されるは違う、モテ＝幸福じゃない、といったものがあるが、それは案外モテという事態の本質を突いていて、不特定多数の目を引く、自分が恋愛対象にしていない相手からも好意を寄せられることを通常はモテると表現する」と述べています。

また、作家の酒井順子さんは「『かわいい』＝『モテ』ワード」だと述べています。日本人男性はきれいな女性、セクシーな女性、格好いい女性よりも「かわいい女性」を好むものなのだと。

女性は基本的に欲深いので、不特定多数からもかわいいかわいいとチヤホヤされたいし、本命の彼からも大事にされ「溺愛」されたいと望むもの。手っ取り早くそれを実現するには見た目を「かわいい」に寄せることは大事かもしれません。ですが、男性が本当に求めている女性とは「自分という男には…価値があるって…信じ続けてくれる女《ひと》」（『モテない女は罪である』山田玲司、大和書房）。本当に愛されるには、自分から能動的に愛していく姿勢でいることが大切なのです。

1-4

モテ女になるための「うなずき」&「ほめ」㊙テクニック

水希『銀座No.1ホステスの心をつかむ話し方』大和書房、2015

初デートを成功させて、さらに次のデートにつなげるコツを知りたい・一緒にいてつまらない、癒されないオンナだと彼に思われていそうな気がする・不思議に彼氏が途切れない女性の「極意」を知りたい……そんな方に特におすすめ。

婚活や恋活、お目当ての男性との初デートで、好印象を与えるにはどうしたらいいでしょう。笑顔はもちろんですが、大切なのは会話。なかでも「話の聴き方」が最重要です。

カウンセリングの指導者である下園壮太氏によると、人は良いカウンセリングを受けると大変居心地がよくなり、その場を離れがたい気持ちになるそうです。それが病みつきになるとカウンセラーに依存したり、恋愛感情を持ってしまう人もいるのだそう。

この本は一流ホステスの接客技術に、心理カウンセラーの技術を組み合わせたハイブリッド仕様です。著者の水希さんは銀座でホステスとしての経験を積み、現在は心理カウンセラーとして活躍されている方。彼を癒し、愛されるコミュニケーション術を学ぶには最高の教材になるでしょう。

モテの秘訣は「大根役者の顔芸」で「うなずき人形」になること

デートでの会話というと、まず何を話そうか、どんな質問をしようかと最初に考えると思います。または、天真爛漫《てんしんらんまん》にその場その場で思いついたことをしゃべるのが自然でいいよね、と思うかもしれません。それらは間違いではありません。

ですが、本当にデートを成功させたい、好感を持って欲しいという望みがあるのなら、「自分が話すのではなくて、相手に話してもらい、相手の話を使う」のが鉄則です。

そのために大切な３つのポイントが「うなずき」「要約」「しぐさ」。視覚的に「あなたの話に興味を持って聴いていますよ」という印象を与えるのが、とても大事なのです。

■うなずき

本書によれば、うなずきには３種類あります。

１ あごが首につくくらいのうなずき（小うなずき）

相手の話の「、」の部分に入れるうなずき。「小」といっても、普段私たちがしているうなずきよりも大きめ、大げさを意識して下さい。話の間に小刻みにうなずくのも促《うなが》し効果があります。

2 頭が大きく下に動く大きなうなずき（大うなずき）

相手の話の「。」の部分に入れるうなずき。通常のうなずきよりさらに深く、首と一緒に「頭」をおじぎに近い感じで動かします。「なるほど〜。納得です！」という感じを見た目で表現するのです。

この1と2のうなずきは、デートでいきなりやるのはほぼ不可能……。なので、必ず練習が必要です。この本ではテレビのショッピング番組などを利用するようにアドバイスしていますが、私のおすすめは大学の授業や会社の会議などで実践練習すること！　話し手に好印象を与えることもできるので一石二鳥です。オンライン会議などでは、熱心に話を聞いているフリをしながら、自分のうなずきしぐさを画面で確認してみて下さいね。

3 うなずきと同時に相づちを入れる

「はい」「へぇ〜」「そうなんですね〜」「ほぉ……」など、適宜声に出して下さい。

著者は周りから「うなずき人形」とネタにされつつも、面倒で気むずかしいお客様相手にナンバーワンホステスになったそうです。

■要約

要約にも大、小、オウム返しの3種類がありますが、いちばん大事で簡単なのが「小要約」です。

相手が話した最後の部分を要約します。たとえば「それで社内の営業成績でトップになったんですね！　すごーい！」という感じ。要約をするタイミングは大うなずき5回から10回に、1要約くらい。

コツは、会話のリズムを崩さないようにサラッと要約することです。「そうそう、それでね、続きも聞いてくれる？」と相手が思わず話を続けたくなるテンポです。(P.59)

「大要約」は、相手が話好きで、途中で何を話していたのかわからなくなった時などに、「こうでこうでこうだよね」のように話のあらすじを教えるものです。「ちゃんと聞いているアピール」になります。

「オウム返し」は、単純に相手が直前に言ったことの繰り返しです。恋愛マニュアルではオウム返しをおすすめしているものを見かけますが、話をよく聞いていないという印象を与えることもあるので、実は案外難しかったりします。

■しぐさ

心がけるのは、「目を見張る」「身を乗り出す」「顔芸」の3点です。

先述の下園壮太氏は「大丈夫だよ」「安心して」「つらかったね」などのメッセージを伝えるのに「顔を使う」トレーニングをすすめています。しかも、上手い役者ではなく、ちょっと大げさな「大根役者」くらいが良いのだそう。恋愛の場面では、彼の前でちょっと大げさにぶりっ子してもし過ぎることはないとのです。これも鏡の前で練習し、かわいい「顔芸」を鍛えましょう！

男性のキャラによって変える、4つのほめ方

以上の3つのポイントを使って、「話を聞いてくれているんだな」という信頼関係の土台ができたら、次は「ほめ」をプラスしましょう。「この子はよく話を聞いてくれるな」と思ってもらえるようになれば、お世辞やおべっかとして受け止められることなく、それが彼の心に素直に入っていきます。

①「厳しいお父さん」キャラには、「称賛タイプ」ほめ

「厳しいお父さん」キャラとは、一言で言うとフェミとかジェンダーなどが〝本当は〟苦手な俺様キャラのことです。女性には上から目線でいたいし、年下の男性には「威張りたい説教したいオーラ」を出しています。そんなキャラの男性には、「すごーい！　それは○○さんだからできたことですよね」「日頃の成果なんでしょうね。はぁ～……さすがです！」など、オーソドックスにほめたたえましょう。

ただし、空々しく聞こえないようにするため、「根拠＋ほめ」を心がけること。
どのキャラか判断がつかない場合も、この「称賛タイプ」でいきましょう。

②「優しいお母さん」キャラには、「ねぎらいタイプ」ほめ

これは優しいお母さん？のように「いつも助かるよ」「寒くないか？　暖かくしとけよ」などの相手をいたわる言葉がスーッと出る、誰からも好かれるキャラです。そんなキャラの男性には、その心遣いに響くように「それは大変だったんですね……」など、「過去形」で優しくいたわるのがコツ。

また、このキャラに対しては、「行為でのほめ」も心がけましょう。たとえば、カフェでひざ掛けを持ってきてくれた時やトレイを片付けてくれた時、あるいは階段でそっと手を引いてくれた時、傘を差しかけてくれた時などには、黙って微笑むだけではなく、

「ありがとう。ヒールの靴を履いているから本当は歩きにくかったんですけど、気がついてくれてとてもうれしい。こんなに優しい人、初めてです」

などと、いちいち言葉にしてほめましょう！

③「ノリの軽い」キャラには、「自由人タイプ」ほめ

これは天真爛漫でやんちゃな、ノリの軽い、盛り上げ上手なキャラです。そんなキャラの男性には、細かいことは気にせず、相手に合わせて「わぁ～、すごいすごい！」とこちらも軽いノリでほめましょう。

「カッコいいですね！」「モテるでしょ！」「セクシーですね！」など、色気に関わる言葉でほめるのも、このキャラなら有効だそうですよ。

④「こじらせ系男子」キャラには「母の愛タイプ」ほめ

ノリの軽いキャラとは真逆で、自分の感情を抑え気味だったり、はっきりと自分の意見を言えなかったりする、また、「すみません」「ちっともわかってくれない」「なんか、悲しい（寂しい、悔しい）の」「もういいです」……などと言う、あるいはいかにもそんなことを言いそうな、こじらせ系男子。嫌なことを嫌と言えず、自分の欲求を口に出さず、どことなく遠慮がちな態度です。

このキャラには、「ありのままでいいんだよ」な無償の愛、頭をよしよしとなでるイメージで「ほめ相づち」を行います。

「ふーーん、そっかぁ……（無理もないよね）」
「そうなんだぁ……（大変だったね）」(P.101)

このようなキャラが銀座に出没するとは驚きですが、やはり対応が最も難しいのだそうです。ほめ相づちがなんか難しいな、と感じたら「うん、うん……」の通常の相づちにしましょう。

とはいえ、これからの時代はこのキャラの男性が増えそうなので、もしこのキャラに出会ったら「心の中で頭よしよし」を意識してみて下さいね。

最後に……

心理学者の河合隼雄《はやお》さんは、『河合隼雄のカウンセリング教室』（創元社）で棋士の谷川浩司さんの言葉を引用し「すごいカウンセラーもまた（棋士と一緒で）研究者、勝負師、芸術家の三つがうまくミックスしバランスが取れている」と述べています。

私は恋愛もまったく同じだと思いました。研究者として人の心理を学ぶ・勝負師として大胆に思い切った行動を仕掛ける・芸術家として感性を磨き、自分の中で思いついたものをすーっと表現する……この3要素のバランスは恋愛でも、とても大切だからです。

カウンセリングの本当の目標は、問題解決よりも相手の「ストレス解消」なのだといいます。貴女と会話をしているうちに、いつのまにか彼の心が軽くなっていればそれで大成功です。

1-5

「東大卒港区女子」から恋愛を学ぶ

ジェラシーくるみ『恋愛の方程式って東大入試よりムズい』主婦の友社、2021

苦しい恋から抜け出せる具体的な対策を知りたい・問題解決力を学び、恋愛など日常生活で遭遇する様々な困難を乗り越えたい・センスのいいレトリックを楽しみながら恋愛を読み解きたい……そんな方に特におすすめ。

他人事だと冷静にアドバイスしたり批判したりできるのに、自分のこととなると話は別になるのが「恋愛」。冷静に対処できたらそれは恋ではなく、恋愛風の作業です。バカなことをしでかしてしまうのが恋。浮かれポンチになるのが恋。そして、それは東大出身でも、同じこと。

ぐっどうぃる博士は言います。「『正しい努力』をすれば、恋愛は上手くいく」と。

この本は〝東大卒の夜遊び職人〟を標ぼうする著者が、その「正しい努力」の方法……実践的な「恋する女の生存戦略」を私たちに授けてくれるものです。

世の中には様々な悩みや苦しみ、理不尽なことがあふれているけれど、あきらめずに解決策を探る努力をして欲しい。そうすれば、社会の構造や他者の悪意に貴女が擂《す》りつぶされる機会が減る、つまり生きやすくなると著者は言います。

恋愛についても同様で、感情に揺り動かされて行動したあげく思考停止に陥《おちい》ってしまう前に、打開策を探る努力をこの本で学びましょう。

本書は、生きていくために最善の努力を惜しまない著者が、恋愛にもがき苦しんで得た「知恵」の結晶です。

〝東大卒港区女子〟が苦しい恋で得たもの

本書には、「本気の恋をしている人はみんな、みっともない」「どんなにかしこい女の子も、恋をするとただのバカになります」「みんなきっと恋をすると頭がゆるくなってしまう」……こんなぼやきが散りばめられていますが、だからと言って著者は、恋愛に対して流されるがままではなく、必死で打開策をつかもうとします。

著者が編《あ》んだ〝恋愛のディスクール（言語表現の総体）〟の中から、特に注目したいものを、4つ紹介します。

1 苦しい恋には「心の遠近法」を意識する

著者は苦しい恋愛から抜け出すために、必死で「足を動かした」そうです。未知の場所に足を運ぶ、普段交わらないようなタイプの人たちと交流をするなどの試行錯誤を繰り返し、その過程で身につけたのが「心の遠近法」。

たとえば、禍々《まがまが》しくそびえ立つ山だけがキャンバスの真ん中に描かれていれば、「越えられない山を前にした」絶望的な状況だと解釈するでしょう。

ですが、その枠からはみ出すくらいに大きな木の枝を横に描き、反対側に缶ビールを持つ自分の右手を描き足してみれば、「山のふもとで酔っぱらいながらピクニックしている」陽気な絵に変貌するのです。(P.12)

恋愛の不安や苦しみを小さくするのではなく、他のことや感情を自分に「詰め込む」ことで、相対的に小さく見えるようにするのです。

もちろん、これで完全に恋愛の苦しみから解放されることはありませんが、趣味に打ち込んだり、他の男性とデートしたり、ふらっと旅に出たりなどの「気がまぎれること」をガンガン繰り返すうちに、憑《つ》き物が落ちる時がきます。

2 恋愛は余裕ある貴族の娯楽であると考える

確かにフランスのロココ時代の貴族たちは、困窮する庶民をしり目に恋愛遊戯を謳歌《おうか》していたようです。それは愛のない政略結婚から逃避するためでもあったのですが。

恋愛は本来、たとえるならたまにシガーバーに行って葉巻を吸ったり、香道を嗜《たしな》んだりするような〝非日常を楽しむ遊び〟です。なかなかそうは思えないかもしれませんが、「恋愛は余裕を持ったほうが勝つ」のは事実であることを忘れないで下さい。

3 愛情はたとえるなら「スキンケア」のようなものである、と考える

愛情は、スキンケアと同様、常に試行錯誤しながら続ける習慣だと、著者は言います。スキンケアは生まれ持った肌質の良し悪しを踏まえ、楽しみながらコツコツ続けることが大切。昔からデパコスの容器はとてもスタイリッシュでゴージャスですが、それは女性が楽しみながら飽きずにお手入れを続けるための工夫なのだと思います。

同様に、愛情も日々のメンテナンスで結果に差が出るもの。時々特別なディナーを楽しんだり贈り物をし合うなどのイベントを挟むのは、楽しみながら愛し続けるための知恵なのでしょうね。

4 人づき合いにおける三大義務「相手に期待しない、相手を支配しない、相手を変えようとしない」を意識する

日本における三大義務が「教育・労働・納税」っていうのは社会の授業で教わるけれど、恋愛するときの三大義務は誰も教えてくれない。だから、みんな権利ばかり主張

して永遠にすれ違う。(P.24)

著者は「本当にその人を愛しているなら、(彼を)変えようなんて思わないこと」と述べていますが、確かに、私も本当に愛する人と出会った時、彼を変えたいとは1ミクロンも思いませんでした。

彼を変えたいとか、支配したいとか思っている時点で、その恋はもう恋から執着にすり替わっているのかもしれません。

恋愛の永遠かつ普遍的な悩みに対する「最適解」

■お悩み その1「モテたい」

↓モテテクとか愛されメイクの前にエーリッヒ・フロムを読め(P.48)

著者は巷《ちまた》にあふれているモテテクの類は、箸《はし》休めのコンテンツとして楽しむものであり、そんな付け焼刃でモテるのなら誰も苦労しないと言います。

私はモテテクも愛されメイクもやらないよりはやったほうがマシ派ですが、ドイツの心理学者エーリッヒ・フロムもその著書『愛するということ』(紀伊國屋書店)で示唆しているように自分の意思で能動的に愛を与える側に回ったほうが、長期的戦略としては有効です。

■お悩み その2「失恋しました」

→泣いて泣いて、浴びるように酒を飲んで、それでも諦めきれない私たちに必要なのは、葬ること。失恋前に思い描いていた希望や好きな人との未来をすべて「もう起こらない幻」として葬る作業です。(P.56)

著者は、終末ケアという概念を世界に問うた『死ぬ瞬間』（中央公論新社）を著したエリザベス・キューブラー・ロスの「死の五段階説」を、失恋の過程を説明するために援用しています。

第一段階　否認と孤立……そんなはずはない、何かの間違いだ
第二段階　怒り……どうして私なの？
第三段階　取引……神様、仏様、占い師さん、恋愛カウンセラーさんetc.にすがる
第四段階　抑うつ……もう無理、悲しい、喪失感でいっぱい
第五段階　受容……これが現実なんだ

著者は、失恋とは恋を失ったのではなく、「彼の隣にいる私」の未来を失ったのだと言います。とは言え、キューブラー・ロスは全段階を通して希望を持ち続けることの大切さを説いています。失恋のプロセスにおいても、復縁への小さな希望、そして新しい恋人への大きな希望を常に持ち続けることが大切だと私も思います。

■お悩み その3「セフレにされていてつらいです」

→自分にとって「こいつは他の女と違う」「こいつは大切にしないといけない」という〝かけがえのない存在〟になれるかどうかですね。（P.70）

(a) “好き”の真剣度 × (b) 関係喪失への“顕在化”した不安	＜	(c) フリーの身でいる快適さ

（P.69）

著者は「『つき合いたいオーラ』を出しても相手がノッてくれない状況」を上記のような方程式で示しました。

男性は自由を愛する生き物だと、ぐっどうぃる博士は述べています。貴女が自由を凌駕《りょうが》するほどの存在になるためには、（a）相手の〝好き〟の真剣度と（b）関係喪失への〝顕在化〟した不安を高めるしかありません。

（a）相手の〝好き〟の真剣度を高めるには……見た目のよさ、夜の相性の良さだけではなく、尊敬ポイントが加算されるようにしましょう。

相手からの尊敬を得る王道パターンとしては、①相手が感心するような努力を続けている、②絶対にブレない強い芯を持っている、③いざというとき（相手が窮地に陥ったとき）頼りになる、の3つがあるのですが、③はタイミングの要素が大きいので①×②を意識するといいでしょう。①は勉強でも趣味でも仕事でもどんなに小さなことでもいいので、継続すること。②の「芯」とは、人の意見や世間に流されず、自分なりの視点や解釈を持つことで生まれます。(P.71)

（b）関係喪失への〝顕在化〟した不安を高めるには……遠くに行ってしまいそう、誰かにとられそうと思わせるような行動を〝わざと〟おこします。具体的には、そろそろ彼氏が欲しくなってきたと伝えること、そして他の人の存在を匂わせることです。

まず（b）を試してみて、彼が微動だにしない場合は、（a）を高める努力を地道にコツコツと続けましょう。そうすることで、やがて貴女は自然とモテるようになり、自然に（b）はクリアできるようになります。貴女をセフレ扱いするような男性は本来おすすめしませんが、本当に価値のある相手なら、試さない手はないです。

■お悩み その4「不倫しています」

→まず、彼に自分の苦しみをありのまま伝えたあとに、「これからどうするか真剣に考えて結論を教えてほしい。じゃないとつらくてもう会えない」と〝交渉〟すること。(P.78)

その後の展開は、

①彼が家庭を優先する
②彼が貴女を選び、離婚を決行
③「もう少し待ってくれ以下略」

の3つのパターンに分かれます。③は言うまでもなく沼地獄ですが、一見②であっても半年経っても一年経っても状況に変化がないのなら③のパターンです。

疑似②のパターンで実は③のパターンと、真正③のパターンの対処法は、「全力で逃げる」の一択しかありません。

> 残念ながら彼は愛している（つもりの）人の苦しみより自分の欲を優先させ、その場その場をごまかせばなんとかなると考えているような、よく道端にいるお猿さんです。一生自分のバナナでもかじってろと言いたいですね。（P.81）

最後に……

エリザベス・キューブラー・ロスの「死の五段階説」は介護福祉士・社会福祉士の国家試験において頻出テーマであり、この本でも恋の終末を説明するために引用されています。

老齢期を迎えた時のインタビューで、ロスはこう語ります。「自分は愛を受け取ることが苦手で、愛されることが少ない人生を歩んだ」と。

多くの人からマザー・テレサと並ぶ聖女のごとく尊敬される一方で、離婚も経験した彼女自身が最後に取り組んだのは「愛のレッスン」でした。勉強も仕事もお金も名誉もとても大切だけど、何よりも最優先で、一生育んでいきたいスキルは「愛されること」です。人は（特に女性は）大切な人から愛されてこそ幸せを実感し、自己肯定感も爆上がりしますす、なんだかんだ言っても……。貴女も、わき上がる「愛されたい」という心の声に素直に従い、どうせなら貪欲に「愛されれ」を追求しませんか？　この本で、私と一緒に。

1-6

「彼から連絡がこない」のには理由がある

川口美樹『「私のことが大好きな彼」をつくり出す！〝今ドキ男子〟の神トリセツ』
大和出版、2021

ただつき合いたい or 結婚したいのでなく、その先の「幸せ」を考慮に入れた婚活を目指している・「あざとさ」や小手先の「駆け引き」だけでは通用しないハイレベルな男を落としたい・彼からの連絡が途切れないための方法を知りたい……そんな方に特におすすめ。

恋愛のスタイルも時代とともに変化します。今ドキ女子が「デートの達人・エスコート上手な男子」と出会っても、「相当遊んでそう……」「浮気するのでは？」とかえって不安になるのと同様、今ドキ男子には、駆け引きで翻弄し、狩猟本能を掻《か》き立て追わせようとする従来の恋愛手法がもう通用しないとも言われています。

「面倒くさい、手間のかかる相手はもうかんべん」……リーマンショック、震災などの自然災害、そしてパンデミック……そんな時代背景から、社会にそして女性に振り回されず、好きなことをして暮らしたい。そんなふうに考え始めた男子が増えたとしても、確かに不思議ではない世の中です。

実際、ネットのあちこちに恋愛テクニックが落ちているのに、相変わらず恋愛・婚活で苦労している人は減っていません。そればかりか、恋愛、さらには結婚をあきらめ始めた人も目立ちます。

そんな時代を迎えた今、磨きたいのは小手先のテクニックではなく、「パートナーとしての魅力」です。

それは、この人と一緒ならどんな世の中になっても大丈夫と決断できる、優しさと強さを併せ持った魅力。こんな人がそばにいてくれたら……と誰もが切望してやまない魅力です。

そのような優しさと強さを併せ持つ今ドキ女子になって、大好きな人と幸せになり、社会的にも成功を収めたい。そう願うのなら、「恋愛系自己啓発本」と言えるこの本がおすすめです。

幸せな結婚を叶えるのは「FOR YOUの恋愛」

貴女が相変わらず駆け引きや勝ち負けに紐づけられた恋愛を繰り返し、上手くいっていないとしたら、今すぐそれを見直しましょう。「なんか、違う」のなら、違うのです。

良いパートナーシップとは「歩幅を合わせて並んで歩く」ものであり、追う・追われるという発想自体が間違っているのです。(P.91)

駆け引きよりも、自分から主体的に恋愛を進める勇気を持つことが今ドキの恋愛では大切です。

好意を前面に出してもこれまで上手くいかなかったのは、女性のほうから追いかける恋愛をしたからではありません。単に好かれたいと思えるほど貴女が魅力的ではなかったということです。

魅力のなさに向き合わず、「男に追わせなきゃいけないんだ！」と信じてしまうのは、物事の本質から目を背ける行為と言えるでしょう。(P.33)

貴女が彼を自分の思い通りにしたくてイライラするのは、自分の意見や主張を受け入れて欲しいという承認欲求を満たしたいだけ。承認欲求を捨て、相手に期待をすることをやめれば確実に恋愛は上手くいく、と著者は説きます。

「FOR YOUの恋愛」とは、発する言葉や取る行動の全てを、「相手の利益になること」を動機に行うことを意味します。

一方、「FOR MEの恋愛」はそれとは逆で、「自分の利益になること」を動機にコミュニケーションを取ろうとする恋愛のことです。
この「FOR YOU」の感覚をどれだけ磨くことができるか。それこそ、幸せな恋愛や結婚をするために絶対に欠かしてはならない最重要ポイントです。(P.60)

「FOR YOU」は我慢して相手を優先させることではありません。我慢は「嫌われたくない」「ごちゃごちゃ言われるのが面倒」という「FOR ME」の発想。我慢ではなく、相手にとってわかりやすい人になるために、自分の感情や気持ちを伝え、困った時には助けを求めることが大切です。

また、彼にとってのいちばんの存在になるためには、ライバルに嫉妬したり彼を束縛したりするのではなく、彼にとってのいちばんになるために貴女が努力をするということが必要です。つまり、すべての課題は他人に差し向けるのではなく、自分に落とし込む。ライバルを冷静に観察し、マネするべきところはちゃっかりマネしつつも、ライバルにはない長所を磨くなど、自分を高めるほうにのみ全力を注ぎましょう。

ちなみに、彼にとってのいちばんの存在になる際の目安となる、男性の貴方への本気度を測る目安は、「お金と時間」。人は自分のお金と時間の使い道には嘘をつけないからです。言葉では「大好き」「愛してる」「大切にしている」などと言ってきても、収入の割にデート代を惜しんだり、なかなか会おうとしないようなら、本気度は低いとみていいでしょう。

最後に、絶対に忘れてはいけないのが「相手は数ある候補の中から自分を選んでくれた」という事実です。「赤の他人」だった人が「赤の他人」だった自分を選んでくれたのです。

よく考えるとすごいことだと思いませんか？

どんなに親しく、運命的なものを感じる相手でも、言わば「血も繋がっていない赤の他人」です。そんな「赤の他人」が自分の期待通りに動いてくれるわけがありません。

(P.228)

彼氏から連絡が来なくて不安になったら？

なぜ「連絡するのは、いつも私」になってしまうのでしょう？　それは……残念ながら貴女が連絡したくなるような女性ではないからです。その解決策は、彼が連絡したくなる女性になればいいという、当たり前すぎる結論を著者は述べています。

あなたに会うことで得られる楽しさ・充実度・癒しがないから、相手は連絡をしてきません。(P.34)

連絡するもしないもお互いの自由。貴女に命令を下す権利はないし、彼が連絡しなければならない義務もないということを知りましょう。もちろん、逆も然り、です。

男性は、仲良くなればなるほど彼女への連絡頻度が減ります。(P.82)

「マメな連絡」は動物で言うところの「求愛行動」なので、つき合うことができれば、求愛行動は終了になります。だから「マメな連絡」がなくなったのは通常モードに戻っただけなのです、

そして、連絡が来た時には「連絡くれてうれしい♡」「こうやってやり取りできて幸せ〜」などと、素直に伝える余裕を持つこと。このような言葉で、彼の存在と価値を認めることが大切です。

「自分が希望するレベルで大切にして欲しい」と願うのではなく、「相手が負担に感じないレベルで大切にされること」が重要です。(P.90)

最後に……

男性を自分好みに変えたい、思い通りに動かしたい、私に夢中になって欲しい、と日夜頑張っている貴女。残念ながら、その頑張りの大半はたいてい徒労に終わります。優秀な男性であればあるほど、そんな貴女から発する「圧」を感じ、それなりの対抗策をとろうとするものだからです。つまり、逃げます。それはChapter5で紹介する、ジョン・グレイ博士の言う「ストレス退治のために穴にこもっている」のではなく、単に貴女から離れ

ようとしているだけ。言い換えれば貴女そのものが彼のストレスだったりするのです。パートナーに向けている「彼を変えよう・動かそう」というそのベクトルを、自分に向けましょう。そもそも人間を変えたり、心のうちを知ることができるのは神様だけ。人はその能力を与えられていません。

相手に期待せず、ひとりでいても楽しく幸せでいられる自分になる。彼のことで頭がいっぱいになる暇も愚痴も出ないほど、生活の様々なことに夢中になって没頭する。つまり「夢中の人」になること。

それが「彼女のために変わりたい！」と彼が自分で感じるようになる、唯一の方法なのです。

1-7

彼の固く閉じてしまった心の扉をこじ開けて復縁する方法

浅海『元カレと復縁できる方法 SNS対応版』草思社、2016

彼から別れを切り出され、すがってみたけどダメだった・自分から別れを告げ、あとから撤回したけど拒否された・振られたあと他の男性とデートも重ねたけど、やっぱり彼じゃなきゃダメだと再認識しただけだった……そんな方に特におすすめ。

彼氏に振られて大泣きに泣いて……でもいつの間にか復縁したり、元彼から復縁の打診を受けている女性がいる一方、いつまでも元彼からいい返事をもらえず苦しんでいる女性がいます。その差は「小さな努力」を重ねることができるかできないか。

復縁を扱っている本は多数ありますが、この本の特色は著者が元営業マンだという点。仕事で培《つちか》った「ノー」と言う人を「イエス」と言わせる技術は、復縁でも有効だと気がついたそうです。

実は「まったくの他人から言われるノーよりも、一度は愛し合った相手からのノーのほうが、イエスに変えやすい」と著者は述べています。振られたばかりで絶望のどん底に沈んでいる女性にとって、これ以上の励ましの言葉は、恐らくないでしょう。

その恋、どうしてもあきらめきれないなら、まずは小さな努力から始めてみませんか。

彼と復縁するために、知っておいて欲しいこと

最初に、復縁にまつわるマイナスイメージを払拭しましょう。

「ひとりの男性に執着せず、次に行きましょう」……このような励ましを聞き入れることができない自分を責めないで下さい。この本では復縁を願う貴女を「復縁をしたいと思う方は、本当に純粋な心を持っていて、ひとりの男性を深く強く愛することのできる、ステキな方」と定義し、応援しています。

その上で、心に留めて欲しいポイントをいくつか挙げていきます。

■彼と「対等な関係」に持ち込む

これは復縁以外のあらゆる恋愛でも意識して欲しいことです。実は彼に対する遠慮が、じわじわと二人の間に距離を作ってしまうのです。

たとえば、彼に会いたくて都合を聞いたけれど断られてしまった時の対応。

「忙しいのにムリを言ってごめん。たいした用事じゃないから気にしないで。仕事がんばってね」（P.42）

このような遠慮がちな態度こそ、実は雰囲気を悪くし復縁を難しくしてしまうのです。相手は罪悪感から苦しくなり、ますます離れたくなります。だから、このような場合は、

「そうか、残念だね。また都合のいいときに！」（P.43）

彼と対等に振る舞い、必要以上に低姿勢にならないことが大切です。

また、復縁を目指している女性のLINEなどでよく見かけるのが「ごめんね」の多用。多すぎるなと感じたら、「ごめんね」を減らし「ありがとう」に変換するよう工夫して下さい。たとえば男性からのLINEで「ごめんね」が多いと、むしろイラっとしませんか？　その男性の価値が貴女の中で下がりませんか？　そういうことなのです。

■別れは「必然」ではなく「避けることができた」と考える

親戚一同が交際に反対した、遠距離への転勤など……確かに無理めな復縁の状況もあります。しかし、どのように困難な復縁でも、少しでも可能性を見出したいというのなら、見方を変えましょう。

彼がもっと自分のことを思っていてくれたなら、離れられないくらいに大切に思ってくれていたなら、そう考えたとき、あなたには「もっとこうすればよかったな」という点はありませんか？（P.56）

彼が障害を乗り越えようと思える女性になれば、どんな困難な復縁でも可能になるのです。

復縁を可能にする具体的な方法

復縁の基本姿勢として最初に意識するべきなのは、「未練のない素振り」「復縁する気のない様子」です。

たとえ彼が貴女に「嫌いになって別れたわけじゃない」などと言っていたとしても、いやになって別れたのは事実なのです。よって、恋愛では常道とされる「好意の表明」も、復縁ではとりあえずの間は厳禁。彼の警戒心を解くためにも、彼への思いはなくなった素振りで、友達として接するようにします。

また、復縁には3つのタブーがあります。

「×お付き合いの延長の気分でいる」「×彼に復縁を迫る」「×未練がましくする」ことは控えましょう。

■復縁で押すタイミング、引くタイミングを見極める

押すタイミング⬇これまで連絡がなかったor少なかったのが、急にメールやLINEがきてその内容も変わった時

引くタイミング⬇連絡の間隔が空いてきた。明らかに彼が冷たくなってしまった時

■冷却期間（少なくとも1～3か月）が必要なケース

①別れ方が険悪だった、②徐々に返信が減ってきた、③都合のよい関係（身体の関係など）になってしまった、④彼に新しい彼女ができた

（ちなみに私自身は、復縁を目指すのであればどのような場合でも一定の冷却期間を設けることは必須だという意見です）

■アプローチは段階的にする

第一段階⬇連絡をスムーズに取れるようになる

第二段階⬇もっと連絡の頻度を上げる

第三段階⬇彼に再び恋してもらう

中でも、いちばん重要なキーポイントは第三段階です。

どんなにあなたのことを大切に思っていても、そこに恋愛感情がなければ、ただのお

友達で終わってしまいます。(P.59)

そのために重要なポイントはたったふたつ。

・すべてをさらけださないこと
・変わったなと思わせること (P.90)

特に前者の「すべてをさらけださないこと」は、復縁したあとも彼と長く親密な関係を続けるために、いつも心に留めておきましょう。ほんの少しだけ「もっと知りたいな」と思わせる余地を残しておくようにして下さい。

■誘う時は「行く」前提で

「今度時間があったら、ご飯でもどうかな～と思って。無理にとはいわないけど」
「久々にご飯でも行こうよ！　今週か来週、どこか都合のいい日はある？」

断られる方の多くは、前者の誘い方をしています。(P.86)

誘い方次第で結果は大きく変わるのだ、と著者は述べています。また、仮に、彼を誘い

「また今度ね」と言われても、落ち込んで「そうね、また今度ね」と簡単に引き下がらないことが大切だと著者は言います。このあたりはさすが元営業職！

あなた：なんか、いつもまた今度ね、じゃない（笑）。忙しいから無理は言わないけどさ。もしかして彼女に何か言われるとか？
相手：いや、そんなんじゃないよ（笑）。
あなた：よかった～。迷惑かけたくないから、ハッキリ言ってね。（P.143）

このように不安材料があれば、遠慮せずにサクッと聞いてしまいましょう。不安は溜めずにさらっと聞けるのが自分に自信がある、モテる（彼が「モテるんだろうな」と感じる）女性の振る舞いです。

■貴女と復縁したいと思わせるには？

今まで送っていたメッセージをやめる、会うのを婉曲《えんきょく》に断るなど、彼に「喪失感」を味わってもらいましょう。

相手がそばにいる間は、それがあたりまえになって大切さを忘れがちです。

しかし、失って初めてその存在の大切さを実感して、復縁したいと思ったのではないでしょうか。

> 同様に、彼にも「あなたを失うかもしれない」という現実を目の当たりにさせ、あなたについて再度真剣に考えてもらうのです。(P.99)

そのためには、それまでに彼をドキドキさせていたり、楽しい会話を続けていたりなど、いい印象を重ねておくことが大事です。

この本では「声を出して笑う」ことをすすめるとともに、「『でも』は禁止」だと述べていますが、さらに漫画家の山田玲司さんは著書『モテない女は罪である』(大和書房)の中で「だって」と「どうせ私は」も禁句としています。貴女の中の「でも」「だって」「どうせ」は永遠に封印し、素敵で前向きな女の子を目指しましょう。

最後に……

恋愛のお悩みでよくあるのが、つき合っている相手の「元カノの存在」。それだけ好きな人の元の彼女というのは、恋する女性にとっては脅威なのです。

だから逆に言えば、気になる元カノから今カノに復活するのも、そう難しいことではないはず。まずは〝魅力的で放っておけない最強の元カノ〟になることを目指しましょう。

いざ復縁活動を始めると、自分を見つめ直したり、性格を直そうと試行錯誤したり、見た目を改善したりと大忙しになります。時間もコストもかかる上、必ず望む結果が得られるとは限りません。ただ、他人の痛みがわかるようになり、美意識が高くなるなど、貴女が得る恩恵は多大。復縁を目指してSNSデビューし、人生がより豊かになった人も見かけます。

私が本格的に恋愛本を読み始めるようになったきっかけも、彼に振られて復縁を誓ったからです。銀座のママが書いた一冊の恋愛本には、去っていった男性のあとを追わず、喜んであっさり放流してあげれば必ず帰ってくると書いてあり、信じてその通りにしたところ本当に上手くいったのです。

だから、今はつらいけど、これも神様が書いた「貴女が幸せになるためのシナリオ」の一過程にすぎません。運命に自分を委ねる気持ちで安心して歩きだしましょう。

最後に『細腕繁盛記』という昭和のド根性ドラマ（「犬にやる飯はあってもおみゃーにやる飯はにゃーだで！」などのセリフで有名）のオープニング・ナレーションを改変し、復縁を頑張る貴女に捧げます。

「復縁の花の色は清らかに白い。だが蕾《つぼみ》は血がにじんだように赤く、その香りは涙の匂いがする」

1-8

「恋愛の神様」が解き明かす恋の理論と実践

ぐっどうぃる博士『恋愛マトリックス』SBクリエイティブ、2015

どうしても手に入れたい男性がいるのでなんとかしたい・振られたり失恋したりをもう二度と繰り返したくない・恋の駆け引きってどうすればいいの?……そんな方に特におすすめ。

婚活ブームも一段落した中、ネットで大量に拡散された様々な恋愛ノウハウに振り回されて、むしろますます悩んでいる女性たちが目立つようになりました。「駆け引きって疲れる」「自然体の恋愛がいいよね」的な流れから、アンチ駆け引きを公言する恋愛カウンセラーも目につく昨今です。

しかし、本当の駆け引きは「男性を振り回すズルい手の内」ではなく、女性が失恋しにくくなり、振られにくくなる防護策……お守りであり、セーフティーネットなのです!

誰だって一度は失恋し、ご飯が食べられなくなり、枕を涙で濡らしてしまう経験をしたら「もう二度と振られたくない！」って思うはず。

号泣する準備なんてできないしイヤ、そんな貴女に、負けない恋をするためにおすすめなのがこの本です。

恋愛マトリックスで、貴女のベストポジションを死守せよ

いろいろな恋愛ノウハウが世の中にあふれ、迷ってしまうほど。確かに人の個性はそれぞれで、みんな違ってみんないいのですが、どの恋愛にも当てはまるパターンを知り、「ここを抑えておくと、どんな相手でもたいていは上手くいく」という基本の手＝定石《じょうせき》は存在します。

> このマトリックスによって男性に大切にされるベストポジションを示し、そこに至るための方法を指南していく。（P.6）

本書によれば、左の図のように男性は意中の異性を次の3つに分類しています。

[1]手に入らない距離……誰かの彼女や奥さん、そしていくらアプローチしても振り向いてくれない女性。男性は手に入れる努力をやめてしまいます。

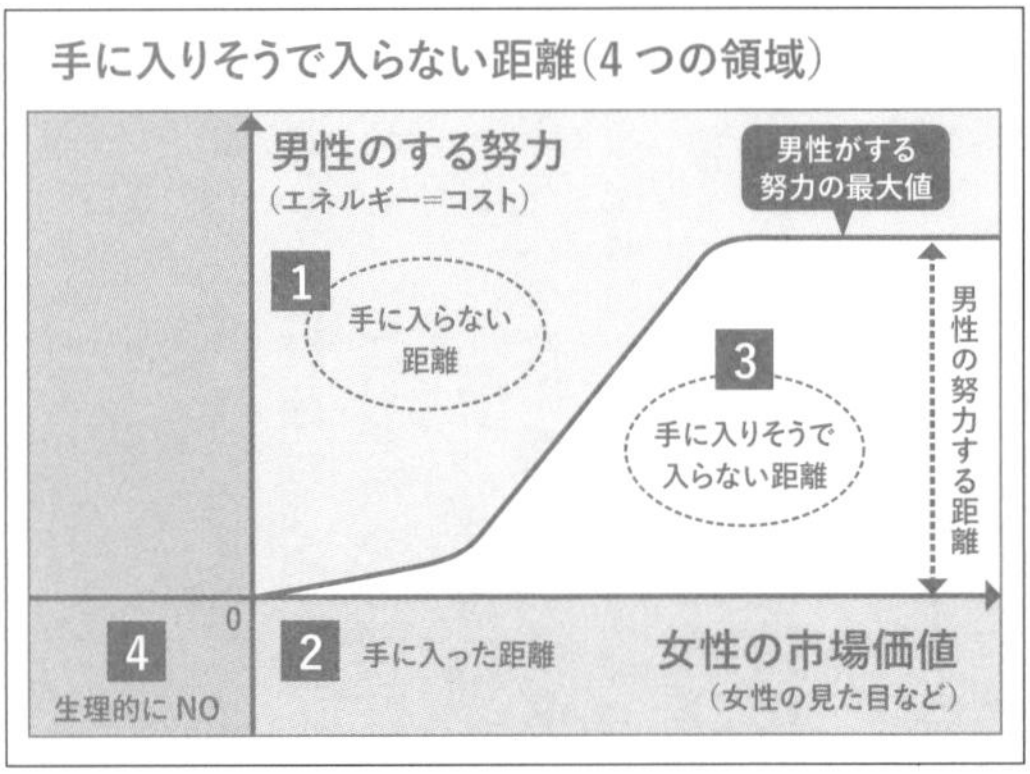

(P.29)

2手に入った距離……男性が「この女性は自分のもの」だと確信している状態。女性のほうがアプローチし過ぎたり、すぐ身体の関係を持ってしまったり、好き好き言い過ぎたり、尽くしたりすると、このポジションに入ってしまいます。貴女にもう興味を失って、執着していない状態です。

3手に入りそうで入らない距離……ここが、いつでも貴女が目指す「ベストポジションその1」です。

この図の縦軸の矢印は男性の努力の大きさを示しています。上に行けば行くほど男性は努力し、同時に労力を使います。横軸は女性の価値（魅力）です。右に行けば行くほど、その男性にとって魅力的な女性となります。

3を見て下さい。これは女性が魅力的になればなるほど、男性は努力することを示しています（白いスペースが右に行くに従って大きくなっています）。

次に1を見て下さい。この「手に入らない距離」というのは、男性が「そこまでして手に入れる必要はない」と思う領域です。右に行くにつれて女性が魅力的になり、そうなればなるほど男性は努力しますが、それでも[1]の領域、つまり限界があるわけです。女性が振り回しすぎたり、遠距離で将来も会うことがないなら、この手に入らない距離になり、男性は努力をやめます。魅力的でない女性なら、少し面倒になれば何もしなくなります。最後に[2]を見て下さい。女性がいくら魅力的（いくら右に行っても）でも、「手に入った相手」には一切努力しないことを示しています。愛されていることを１００％確信したら、それが誰であろうと男性は努力しません。

だから、「手に入った距離」にいる女性は尽くすことをやめる、会っている時は楽しく過ごしても普段は連絡を控える、体の関係を持っても男性にあまり依存しないなど、彼に「自分に気があるのか、ないのか」と少し疑問を残すようにふるまうことだ。(P.40)

今「手に入った距離」にいる女性は、彼と会っている時は天使、会っていない時は小悪魔というように、あえてふたつの顔を使い分けるように意識してみましょう。

おさえておきたい彼から見た貴女のポジション

恋愛感情がない他人と接する時に、人は3タイプに分けて相手を見ます。これが恋愛マトリックスのCDEラインと呼ばれるものです。これは相手から見たものなので、たとえば、Cの「自分の生存を助ける」とは、「貴女が彼の生存を助ける」という意味です。

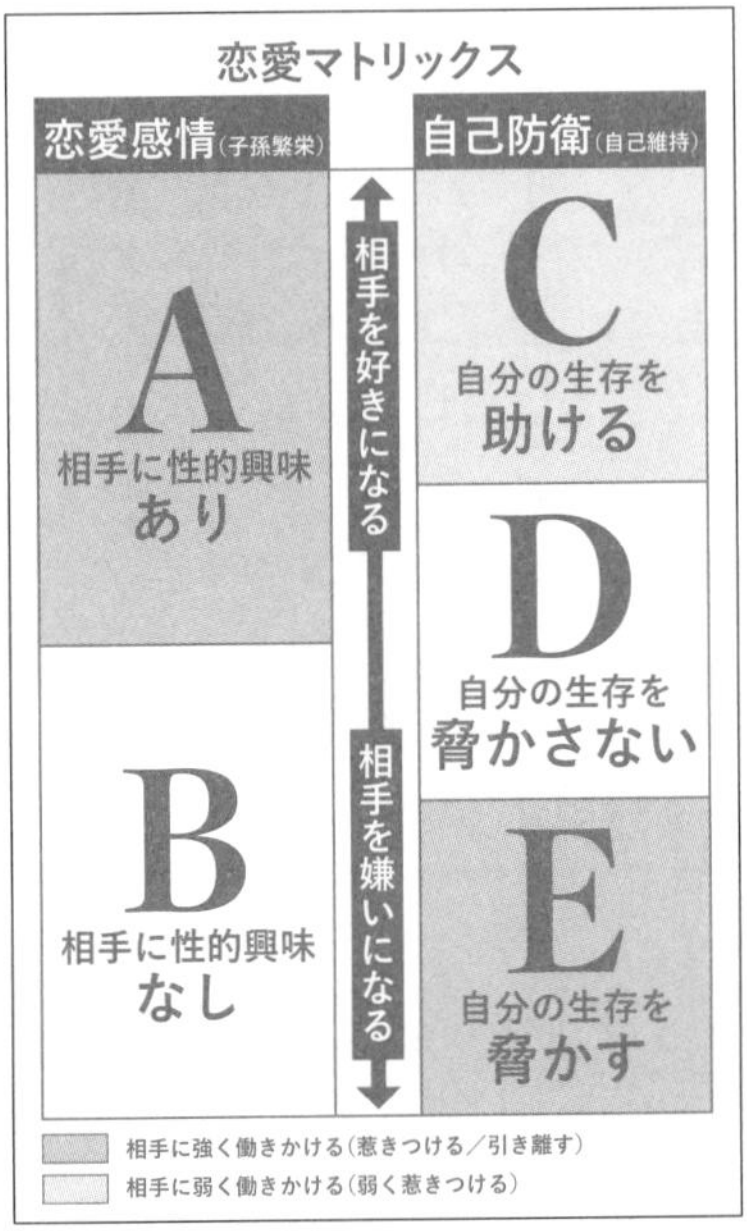

(P.21)

C　自分の生存を助ける (P.41)

彼に居心地の良さを感じるポジション。このポジションでは、貴女が彼に「無償の愛」、つまり見返りを求めず彼を応援し支えます。そのためには、彼に愛されたいという下心を感じさせないことがとても重要です。

D　自分の生存を脅《おびや》かさない (P.41)

可もなく不可もない位置です。たいていの人はこのポジションに入ります。

E　自分の生存を脅かす (P.41)

彼の時間を貴女に奪われたり、余計なエネルギーを使わされるなど、リスクのあるポジションです。どんなに愛されていた貴女でも、彼にダメ出しをしたり振り回したりしたら、このEのポジションに入ってしまいます。

ちなみに、恋愛感情がある場合のポジションは、以下の通りです。

A　相手に性的興味あり (P.55)

見た目がタイプで惹きつけられる女性のポジションです。彼の恋愛の対象内、眼中に入っている状態といえます。

B　相手に性的興味なし (P.55)

見た目が好みではないため、このポジションの女性がアプローチしてきても男性は距離をおきます。男性になんの行動も起こさせないポジションです。

「性的興味あり」で「自分の生存を助ける」という男性にとって最高の女性 (P.57)

つまり、女性が常に目指すベストポジションとは、恋愛マトリックスの「手に入りそうで入らない距離」と、A、Cライン（ベストポジションその2）に入ることなのです！

あなたが「生存を脅かさない（＝普段は忘れられている）」Dであったとしても、居心地のよさを与えることで、「生存を助ける」Cにポジションアップする可能性はある。そして、Cのポジションになると、「性的興味あり」のAにも見られやすい。（P.58）

まずは自分の現在のポジションを知ることで、これからどうしたらいいのかを考えることもできますね。

これだけは覚えて欲しい、恋の特効薬

この本で紹介している「沈黙」作戦……これぞ恋に苦しむ大勢の乙女たちを救ってきた著者の「伝家の宝刀」「最終奥義」ともいえる手法です！

この手法は、復縁にも用いられますが、ここでは二人の関係改善のために使う方法を紹介します。

「沈黙」作戦①（貴女が相手の「手に入った距離」にいる状態の時に使う作戦）

これは、彼に大切にされていないと感じる、本当に苦しい状態の時に使って下さい。

貴女が沈黙することにより、「手に入った距離」から「手に入りそうで入らない距離」に

移行することができます。彼と一切の連絡を取らず、ＳＮＳの更新もすべてやめ、「生きているのか死んでいるのかわからない」状態になるのが理想。彼から連絡がきたら、今まですぐに返事をしていた場合は数日遅らせてみて下さい。

ただし、これはあくまで「彼に興味がなくなったような態度をとる」のであって、「彼を嫌いになった」のではないということにくれぐれも注意して下さいね。

「沈黙」作戦②（貴女が相手に居心地の悪い思いをさせ続けている状態の時に使う作戦）

これは、貴女が彼から「距離を置きたい」とか「友達に戻りたい」などと言われてしまった時などに使って下さい。黙って距離を置いてあげることで、また居心地の良い位置に移ることができます。

この場合は、まずメールかLINEで素直にあやまってから沈黙すること。場合によっては手紙でも構いません。これは、いわば不祥事を起こした芸能人が謹慎することと同じ。ほとぼりが冷めて彼が許す気持ちになるまで、数か月でも沈黙していましょう。

そして、彼からアプローチがあれば「反省して生まれ変わった私」として接しましょう。もちろん演技ではなく、本当に態度は改めておくこと。

私は駆け引きなんか必要ない、そう思っている貴女も、苦しい時はこの「沈黙」を思い出して下さい。きっと恋の特効薬になるはずです。ただし容量、用法は守ってお使い下さいね。

最後に……

この著者の『恋で泣かない女になる61のルール』（講談社）には、「この本に癒しの要素は含まれていません」とありますが、この本もまた同様。癒されたいならまずは彼を手に入れる努力せよ、ということです。

ただ、恋の駆け引きで「彼のテンション」という儚《はかな》く脆《もろ》い心の動きを気にし過ぎるのは、ちょっと疲れると思います。「彼のテンションが下がった～上がった～」で右往左往し、心を病んでしまう女性を私は少なからず見てきました。だから、彼のテンションがどうあれ、「私はそれでも愛し続けるから！」と心に決めてしまったほうがのちのち気持ちが楽です。

作家の田中康夫さんはバブル時代の著作（『恋はビジネス』角川文庫）で「一番ベストなのは、大好きな彼が、手を伸ばせば届くくらいの距離、つまり、二、三歩先をスキップするくらいの早さで、進んでいくことです。そうして、時々は、チラッ、チラッと、彼の方に振り向いてあげることです」と言いました。彼が手を伸ばそうと思えば届きそう、でも完全に捕まえることができない距離にいなさいということです。これはぐっどうぃる博士が提唱する「『手に入りそうで入らない距離』にいなさい」とまったく同じ概念。

彼を「よぉし、頑張るぞ」という気持ちにさせるような「愛しがいのある」貴女でいて下さいね。彼とつき合ってからも、そして結婚してからもこのことは忘れずにいて欲しいです。

Chapter **2**

心

希望と絶望の
行ったり来たりを
止めるための8冊

日の光を籍《か》りて照る
大いなる月たらんよりは、
自ら光を放つ小さき燈火《ともしび》たれ
――森鷗外『知恵袋』より

2-1

「気のない彼」しか愛せない……好き避け？で悩む貴女に

二村ヒトシ『なぜあなたは「愛してくれない人」を好きになるのか』イースト・プレス、2014

みんな楽しく恋愛しているのに、なぜ私はつらい恋ばかりしてしまうのだろう・結局いつもチャラくて浮気性の男性ばかり好きになってしまう・もっともっといい女になって愛されたい、溺愛されたいという思いに振り回され過ぎて最近空しくなってきた……そんな方に特におすすめ。

女性は男性に「求められ」「必要とされる」ことで、自分に自信を持ち、自分のことを好きでいられる……同時に、そんな時にイライラが減って心が安定するようです。

だから、片想いだったり、男性が不誠実だったり、その他いろいろあったりすると、「誰からも愛されない私って、生きている意味あるの？」って落ち込んだりします。

「なぜ貴女は愛してくれない人を好きになるの？」

「いやあ、本当その通りで。てへっ」

って感じで流せる方も、流せない方もこの本がおすすめです。恋愛でモヤモヤしている時、心はすぐには晴れないかもしれないけれど、「なぁんだ、そういうことか」と気づかせてくれます。

いつも苦しい恋ばかりなのは、自分が好きじゃないから

恋愛で幸せになりたい、と口では言いつつも、いつのまにか無意識に「愛してくれない男」を好きになってしまう。それは貴女が自分のことを嫌いで、ありのままの自分を受け入れていないからなのかもしれません。

> 心のどこかで自分を「ダメな女だ」と思っていると、あなたのことをなかなか受け入れてくれない男性や、あなた以外のことに夢中な男性が、とても魅力的に見えることがあります。(P.23)

そして、そんな貴女を好きになる男性にはあまり魅力を感じず、興味すら持てなかったりします。

そのパターンは以下のふたつだと著者は述べます。

●見下し型……自分を好きになってくれた男はレベルが低いのでイヤ。「この程度の男

かぁ」と見下す。自分を好きな男は見る目がない、バカだと思う。みんな間抜けに感じる。

●**怖がり型**……こんな自分の本当の姿を知ったらきっと引いてしまう、嫌われてしまうと思い、逃げたり避けたりしてしまう。

では、そもそも、恋とは何？　そして愛とは？　この本ではそれを次のように定義しています。

●**恋**……恋とは「欲望」。相手を自分のものにしたがるということ。だから「恋の駆け引き」というのは、相手が自分を欲しがるように仕向けることになります。

●**愛**……相手を肯定すること。相手の存在に「いいね！ボタン」を、人知れず心の中で押すこと。

「彼のこと愛している」と言うけれど、自分のものにしたくて媚びたり、思い通りにしようとジタバタしている段階は、まだ「恋」なのです。

そして、「私は自分大好き人間だから」という貴女に伝えたいこと、それは、自分が好きなのにも、実は2種類あるということです。

●**ナルシシズム**……もっといい女になって愛されたい、溺愛されたいという「もっともっと」で、未来の自分に恋し、追いかけている向上心のみなもと。

●自己受容……自分のことをそっくりそのまま受け入れていること。無理しなくていいと思えること。

> 自己受容とは「自分を受け入れて、愛してあげる」こと。（P.40）

そんな自己受容しきれていないほうの貴女が陥りやすいのが、「心の穴を埋めてもらうための恋」なのです。それはすなわち、相手の存在を使って今の自分に欠けた部分を埋めようとする恋です。

ここで言う「心の穴」とはなんでしょう。

> あなたの「生きづらさ」や「さみしさ」、劣等感、不安、嫉妬、憎しみ、罪悪感といった、自分ではコントロールすることができない感情や考えが、その穴から湧いて出てきているのを想像してみてください。（P.54）

彼氏ができたら幸せになれそう、寂しさを忘れるかも、新しい世界に連れていってくれそう……けれども、それは自分の中の不足分を相手で補おうとすることなのです。

たとえそれを相手に埋めてもらっても、心の穴のかたちは人それぞれ違うので、完全に埋まることはありません。

しかも、相手を求めて必死に心の穴を埋めようとしていると、相手を受容する、つまり「愛する余裕」はなくなってしまいます。そんな人は、恋している間は相手を愛することが難しくなります。

自己受容している人だけが相手のことを愛せるし、相手から愛されるようになるのです。

人間は、自分で自分をあつかっているようにしか、他人からもあつかわれないのです。
(P.76)

じゃあどうしたらいいの？（手っ取り早く）教えて！

本書では「自己受容していくための具体的な手段」として、以下の7つを挙げています。

1　感情は、考えないで感じきる。(P.150)

苦しい感情が湧いた時は、よけいなことで考えをめぐらせず、ただその感情を「感じ切る」に任せましょう。そのためには『相手は変えられない、ならば自分が変わればいい』のエクササイズも有効ですね。

2　するのが「うれしい」ことだけをする。(P.155)

相手に気に入られようと無理に尽くすのではなく、自分のやりたいことだけをしましょう。

「私のやりたいことが、彼のして欲しいこと」に、「彼のやりたいことが、私のして欲しいこと」に、なっていくのが愛です。(P.156)

3　自分の「未来」を忘れてみる。(P.159)

将来の希望や不安で頭がいっぱいになると、「今、ここ」の自分が消えてしまいます。たとえ思った通りではなくても、いったん良いほうに考えて、現実を味わって受け入れます。自分の希望・欲望にこだわらず、思いがけない良いことがあれば素直に受け入れるのがうまくいくコツです。

4　「女らしさ」で悩まない。(P.163)

「愛されるという見返りを求めないで、自分の女性性で他人を楽しませたり、助けたりしている人」が、女らしい人です。

5　セックスの時は、相手の目を見る。(P.170)

著者の大先輩、ＡＶ監督・代々木《よよぎ》忠《ただし》さんは「お互いに見つめ合えば、感情が動く」「よけいなことを考えずに、相手の目を見て、恥ずかしいことを言ってみる」と提言しています。セックスの時は「今、目の前のこの人とやっているんだ」と自覚することが信頼感を高め、結果、自己受容しあうセックスになるのです。

6「自分が、人から感謝されていること」に気づく。(P.175)

「将来の自分」ではなく、「今の自分」が無理しないでやれること、頼まれなくてもやりたくて勝手にしてしまうことを優先しましょう。そうすれば、自然に「他人に感謝されている自分」に気づくようになるでしょう。

7「愛されようとすること」を、やめてみる。(P.178)

「自分が人から好かれるとか嫌われるとかいうこと」に無頓着《むとんちゃく》になってみてください。(P.179)

……これが私たちにはいちばん難しいことかもしれません。なので、まずは「無頓着なフリ」から始めてみましょう。息を吸うように水を飲むように、いつも愛されている人は愛されよう、愛されようと頑張ったりはしません。そのことを覚えておきましょう。

最後に……

著者の男性向けの恋愛本『すべてはモテるためである』(イースト・プレス)では、恋愛マニュアルを読むような男性はモテないと述べています。理由は「あなたが、あなたと彼女との関係について考えるべきことを、ちゃんと自分の頭で考えてないから」です。でも、これって、女性にも当てはまる……！

恋愛本を読んでいると、いつの間にか「リアルの彼」が見えなくなって、「頭で想定した彼（仮）」相手にあれこれと妄想し、マニュアルの通りにシュミレーションしてみたりしてしまいます……そこに幸せは、そして「ありのままの今の自分」と「ありのままの彼」はあるのでしょうか？

頭の中でごちゃごちゃ考えるのはもうやめましょう。素直で性格良さそうに振る舞い、自己評価は低すぎず高すぎず、いつでも自然っぽく微笑んでいましょう。そんな「キモチワルくない、さわやかな女」が著者の言う「いい女」なのだそうです。

2-2

重い・めんどくさい・暗い……そんな自分から抜け出したい貴女へ

yuzuka『大丈夫、君は可愛いから。君は絶対、幸せになれるから。』KADOKAWA、2018

どうやら彼にうんざりされてるみたいだけど、どうしていいのかわからない・どうしてあの子はいつもキラキラしていて素敵な恋愛をしているのに、私は上手くいかないのだろう・重い女、メンヘラ女という自覚はある……そんな方に特におすすめ。

男性がいつも一緒にいたいと思うのは、自分で自分の機嫌をとれる女性です。また、居心地の良い女性ともいいますね。

「いやいや、私いつも笑顔を頑張ってるし」「デートではもちろん居心地よく振る舞っています」という声が返ってきそうです。

でも、もし貴女が心からそう思っていないのだとしたら……心の内のわだかまりやモヤモヤ、不安、不満を隠して振る舞っていても、相手にはうっすらと届いているもの。そして何よりも、自分が苦しいのではないでしょうか。

彼に対して小さなことでモヤモヤし、不機嫌になってしまう。

彼の「なんで怒っているの？」という問いかけに対して「なんでもない」「別に」と、答えてしまう。でも顔は「なんでもある」表情で。

貴女が誰とつき合っても、いつのまにかこうなってしまう理由がよくわからないのなら、この本が原因と対処方法を教えてくれますよ。

愛される女性に生まれ変わるために～守って欲しい4つのルール

この本の中から、特に意識して取り組んで欲しいポイントを４つ紹介します。

1 大切な人であればあるほど、丁寧にわかりやすく「自分の心の内」を伝えていくこと

たとえば、仲良しの親友。たとえば、運命の彼。そんな相手なら「伝えなくてもわかり合える」という思い込みが、人生を難しくする最大の勘違いだと著者は言います。しかし多くの人はそれに気づかず、不満などのマイナス感情はしまい込むのが美徳だと思い込んでいます。そしてかえって嫌な空気を作り上げてしまうのです。

大切な相手であればあるほど、面倒くさくても、言葉や態度や表情を最大限に使って、自分の心の内を伝えていく必要があるのだ。（P.24）

本書でも紹介しているものすごい愛さんの『ものすごい愛のものすごい愛し方、ものすごい愛され方』でも、「感情は自己申告制」という項の中で、一日の中で生まれた幸せな感情や感謝は小さなことでもその都度伝え、さらに負の感情も積極的に伝えていることを紹介。「むしろこっち（負の感情を伝えること）の方がよっぽど重要」と述べています。

2 いつも素直で上機嫌でいること

取り立てて取り柄があるわけでもないのに、誰からもかわいがられて、溜息が出るほどうらやましい日々をおくっている「あの子」。

みんなが仲よくなりたがり、かわいがり、タグ付けされているあの子の秘密……それはいつも素直で上機嫌でいるから。

> 機嫌が良いって態度は、「貴方といると幸せなんだ」ってメッセージになって、そのメッセージを受け取った相手は、何を言われたわけでもないのに、受け入れられた気持ちになる。嬉しくって、ついつい一緒に、上機嫌になる。(P.18)

周囲がみんな上機嫌でまわっていくから、「あの子」の人生は上手くいくのです。

3 小さなことでも、喜ぶこと

喜びは大げさなくらい、思う存分、上機嫌に、素直に表現して下さい。

喜びの閾値が低い人って、もれなく人に好かれやすいんだよね。(P.35)

ちょっとしたことでも喜べる人って「いつも温かい人に囲まれているんだろうな」という気がするし、実際そうなのです。「喜んで、そして感謝する」というのがワンセットになります。

ただ、キャッキャ喜んで終わりではなく、感謝の気持ちを自分の言葉で表現するまでが、ひとつの様式です。たとえあめ玉ひとつをもらっただけでも「うれしい、ちょうど糖分補給したい時間だったの、ありがとう」など、素直に丁寧に反応する人は好かれます。

4 無理に平気にならない、無理に元気にならないこと

好きな時に、好きなだけ悲しんでいいのです。悲しんでいる自分を悪いと思わず、しっかり受け入れましょう。もう、涙は我慢しなくていいのですよ。

彼は、貴女を大切にしていますか？

貴女を大切に思っていたら、貴女を傷つけたり、蔑ろにしてしまう瞬間があったとし

ても、貴女が悲しみを伝えれば、ちゃんと歩み寄ってくれるはず。(P.104)

幸せな恋愛への道を歩くために〜4つの心得

著者は、悲しい恋愛コラムばかりを検索するような恋よりも、ワクワクしながらデートスポットを検索できるような恋を大切にしてほしいと言います。

そのための「心得」を4つにまとめました。

1　素敵な男性、誠実な男性はちゃんといると知りなさい

ですが、そんな男性に出会えるかどうか、貴女がその人に気づけるかどうかがとても重要になります。

一緒にいる人を選ぶ時、最も考えなくてはいけないのは、「その人を尊敬できるか」、そしてそれと同じくらい大切なのは、「その人は貴女を尊敬してくれているか」。(P.101)

貴女の意見をしっかり聞いてくれなかったり、素直に甘えたり、わがままを言った時に「かわいい」って思ってもらえなかったりするような男性なら、離れること。

2 自分の愛の出し方をコントロールする。計算して、小出しにして相手に伝える

愛は相手が必要な時に、必要な分だけ……できれば「少し物足りないな。もっと欲しいな」と感じさせる程度にコントロールして、出しましょう。

> 世の中ではよく「思うままに真っ直ぐ愛を伝え続ければ、相手にきっと届きます」なんて言うけど、本当はちょっとだけ違って、「いやいや、確かに相手には届くけど、一目散に逃げていきますよー」って、そう言いたい。(P.93)

3 欲しがられる人になりなさい

「ありのままを愛してくれる人を選びなさい」。この言葉を、著者は「間違えてはいない」し、とっても美しい言葉だが「なんて自分勝手なの!?」と思い、大嫌いだと言います。なぜなら、現実的に誰かと幸せになりたいなら、どんな貴女でも欲しがられる人、一緒にいたいと思われる人にならなくてはいけないから。

そのための具体的な方法は本書で紹介している『ルールズベスト』を始めとするルールズ系の本や、ぐっどうぃる博士の『恋愛マトリックス』などの著作が参考になるでしょう。

素敵になる努力をして、その努力も含めて貴女は「ありのままの貴女」になるのです。「ありのままの貴女」は、貴女が作っていくものなのです。

4 幸せになる権利に手を伸ばす努力をしなさい

> 努力をすれば必ず幸せになりますよ！　なんて、ちょっと綺麗事っぽくて大声では言えないけれど、だけど自分のためにする努力は、もれなく自信と繋がって、必ず貴女の人生をより良いものにしていく。（P.190）

著者yuzukaさんがここで言う努力というのは、人のための努力ではありません。自分を好きになる努力です。

絶望している貴女へ、あきらめないで未来に期待して歩いてみて欲しい、という彼女の心からのエール。それがこの本のタイトルなのです。

最後に……

聖書に「いつも喜んでいなさい（テサロニケI　五・一六）」という一節があります。きっと「いつも喜んでいる人」が少ないから、わざわざ書いてあるのだと思います。今日のコーヒーはいつもよりも美味しく淹《い》れられた、大好きなチョコレートがちょっと安かったなど、小さなことをやり過ごさず、丁寧に感謝し喜ぶ習慣をつけましょう。

佐々木典士さんの『ぼくたちは習慣で、できている。』（ちくま文庫）を読んで感じたのは「なんとまあ、細々と記録をつけていることか！」。佐々木さんは何かを習慣にしたいと思ったら、まず手始めに「自分観察日記」をつけることをすすめています。なのでまずスマホの日記メモなどに日々、感謝できたことを書いていきましょう。

さらに「笑顔でありがとうと言う」「困っていそうな人に自分から声をかける」「甘いものをやめる」など、なりたい自分になるための目標を設定することもいいでしょう。

習慣とは「ほとんど考えずにする行動」のことです。

「習慣が変われば人格が変わる」というヒンズー教の教えが示す通り、良い習慣をコツコツと身につけることでなりたい自分に変わるのです。

佐々木さんは習慣づけの「最大の報酬は、自分をすきになれること」だと書いています。今日やるべきことをやった、という実感があるとごきげんになれるのだそうです。

不機嫌の習慣から抜け出し、自分を好きになるために〝習慣の力〟を借りましょう。

2-3

貴女の〝心のモヤモヤ〟を上手に手なずける方法

ラス・ハリス『相手は変えられない ならば自分が変わればいい マインドフルネスと心理療法ACTでひらく人間関係』筑摩書房、2019

自分の感情を上手くコントロールする方法が知りたい・今の恋愛を過去の失敗と結びつけて不安になってしまい、ひとりで落ち込んでしまう・彼の行動がいちいち気に入らなくイラついてしまい、別れるか続けるか悩んでいる……そんな方に特におすすめ。

なぜ人は、自分の愛する人に対して普通の態度ではいられなくなるのでしょうか。愛する人の前では、ちょっとしたことで激しく動揺して、他の人ならありえないような怒りをぶつけたり、ドーンと落ち込んで死にたくなったりします。自分の期待した通りの反応でないと、イラッとして相手を責めたりもします。このままだと二人の関係が壊れてしまうってわかっているのに……。

自分の気持ちや行動にいつも振り回されている貴女に、ぜひ参考にして欲しいのがこの本です。

〝心のモヤモヤ〟にとり憑かれた時には?

この本は「アクセプタンス&コミットメント・セラピー」あるいはACTとして知られる、最新の心理学に基づいて書かれており、どんなに仲良しで親密な関係にも苦痛やストレスはつきものだと著者は言います。

まずは、貴女の心の中に何層にもわたって渦巻いている強力な有害物質、〝心のモヤモヤ〟をの正体を覗いてみましょう!

■心のモヤモヤ……「すべき」を形成する層(P.100)

この層は、以下のような考えからできています。

●どうして私がこんなことをしなきゃならないの?
●彼ばかり楽で、私が損をしてない?
●彼のほうが私に謝るべきでしょ!
●二人の関係は大変すぎて普通じゃない

■心のモヤモヤ……「努力してもムダ」の層(P.101)

この層は、未来はどうせ悲惨だから、何を努力しても仕方がないという考えからできています。

- もう今さら手遅れだから、関係修復は不可能で時間の無駄
- 彼はどうせ変わらないから、努力する必要あるの？

■**心のモヤモヤ……**「もし～でさえあれば」の層（P.102）

この層は、願望からできています。この層にひたる時間が長ければ長いほど、貴女は現実に不満を抱き、時間を無駄にしてしまいます。

- 彼がもっと稼いでくれる人だったら……
- 彼がもっと私に気を配ってくれたら……
- 彼が私の両親と仲良くしてくれたら……
- 彼がもう少し家事を手伝ってくれたら……

■**心のモヤモヤ……**「未来への恐れ」の層（P.103）

この層は、自分が変わっても彼は変わらないのでは、という恐れでできています。

- 彼は調子に乗って私を利用するかも？

●私はもっと傷つくような気がする
●いくら私が頑張っても、彼はどうせ変わらない
●相手選びを間違った、早く別れなければ年をとって新しい出会いがなくなってしまう

■心のモヤモヤ……「根深い怖れ」の層（P.107）

心の奥底に根を張った恐怖の層です。中でもよくあるのは「彼に捨てられる恐怖」「彼にコントロールされてしまう恐怖」「自分は無価値の恐怖」です。

●彼はきっと去っていく、彼なしではいられないのに……
●彼はそのうち、私よりもふさわしい相手を見つけるはず
●彼は私を思い通りに動かそうとしている
●彼に本当の自分を知られたくない

……これらの考えが浮かんでくるのを止めることはできません。貴女がいい気分でいる時は一時的に止むこともありますが、ちょっとストレスレベルが上がったり、彼がイヤなことをした時には、すぐこれらの考えに支配されてしまいます。

では、どうしたらこうした心のモヤモヤを消すことができるのでしょうか。それは「思考が現れて消えるにまかせる術」を身につけることです。思考をぎゅっと強く握りしめるのではなく、壊れやすいシャボン玉を手のひらに載せるように、消えるまで優しく扱うイ

メージです。

■心のモヤモヤを払う方法その1　思考に名前をつける

二人の関係にとって役に立たないこのような感情や思考が浮かんだら、本か映画のタイトルのようにそれに名前をつけましょう。「捨てられる症候群」「もう終わりだよこの恋」「彼の元カノを○○したい」「そんな彼なら捨てちゃえば」「不安ちっくが止まらない」などなど。

そして、心の中で「また『捨てられる症候群』がきたか」「はい、いつもの『もう終わりだよこの恋』ですね」とつぶやきます。軽いノリで名前をつけ、思考を空に飛ばしていきましょう。

■心のモヤモヤを払う方法その2　葉っぱのエクササイズ

1. 楽な姿勢をとる。
2. 目を閉じるか一点を見つめる。そして数回、ゆっくり深呼吸する。
3. 優雅な川の流れの傍らに座っているのを想像する。川面に木の葉がたくさん浮かんでいる。
4. 五分間、頭に浮かんだ思考をすべて拾い上げ、葉の上にそっと置く。それらは川を流れていく。(P.131)

心の中で「こんなこと、バカバカしい」と思ったら、それもすくい上げて川に流してしまいましょう。それでも、心はすぐにまた無駄なおしゃべりを始めるかもしれません。しかし、そうだとしても問題ありません。そのたびにそれを葉っぱに載せて流してしまえばいいのです。

感情のための居場所を作ってあげる

本書によれば、私たちは苦痛の感情が起こった時、頭の中が〝回避モード〟か〝自動運転モード〟のどちらかに入ると言います。

■回避モード

イヤな感情を避けたり排除したりするために、私たちがよく使う方法です。

●気をそらす……テレビやYouTubeを観る、仕事や趣味に打ち込む、人と会う、ジムで運動するなど

●手を引く……彼を避けようとする、LINEをブロックする（気分が上がればまた解除）、セックスを拒否するなど

●思考戦略……彼や自分の分析をし、過去を思い出して反芻《はんすう》し、自分を責め、また彼を責める、無理にポジティブ思考になろうとするなど

●嗜好品・薬の使用……アルコール、チョコレート、ポテトチップス、菓子パン、ピザ、

処方薬など

■自動運転モード

強い感情が起こると、意思のない人形のように「感情のいいなり」になり、振り回されます。また、自分の行動に無自覚のまま衝動的に行動します。さらに怒りが湧けば叫び、相手にひどい言葉を投げつけます。嫉妬したら、彼のスマホを覗き込み、根拠もないのに責めたりもします。

このふたつのモードにとって代わるのは〝受容（アクセプタンス）〟と〝気づき〟です。感情を追い払おうとせず、受け入れる。感情のための居場所を作ってあげ、そうした感情に自分の邪魔をさせないようにし、それが去っていくまでその感情を許すのです。

自分の感情を許し、受け止めるエクササイズ

本書で推奨する、自分の感情をありのままに受け止めるためのエクササイズ、NAMEを実践しましょう。

N……Notice　感情に気づく

A……Acknowledge　感情を承認する

M……Make space　感情に居場所を作ってやる

E……Expand awareness　気づきを広げる（P.146）

■ステップ1　N：感情に気づく

これは、強い感情であればあるほど難しくなるエクササイズです。

●まず息を吐いて肺の中の空気を完全に出し切ってしまう。次に肺が一杯になるまで空気を吸い込む。

●この呼吸をしながら空気が入り、出ていくのに意識を向ける。呼吸を救命具のようなものだと考えるのもよい。それは心に囚われたあなたを体へと脱出させるのだ。

（P.147）

■ステップ2　A：感情を承認する

「ここに怒りの感情がある」「私は不安の感情を持っている」と言ってみましょう。ACTでは「私は怒っている」「私は嫉妬している」と言わずに、こういう言い方で感情承認するようにすすめています。

また、感情に名前をつけることもおすすめです。「怒り」「怖れ」などは、単なる「文字列」として扱いましょう。

■ステップ3　M：感情に居場所を作ってやる

苦痛の感情が起きると、私たちはそれを押さえ込もう、または跳ね除けようとしますが、そうするとそれはますます暴れ回ってしまいます。この本ではそのことを一頭の暴れ馬のたとえで説明しています。心の中に広い場所を作ってその暴れ馬を解放してあげると、感情は暴れ回るのをやめ、やがておとなしくなるのです。

●深く息を吸い込む。息が体に入り感情を包み込むのを想像する。すると魔法のようにあなたの内部にスペースができる。それは望ましくない感情に居場所を作ってやる感覚だ。（P.149）

■ステップ4　E：気づきを広げる

周りを見渡してみましょう。貴女はひとりではなく、様々な環境の中にいます。そう考えることで、周りの世界とのつながりに気づき、関わり合いを深めることができます。

以上の4ステップで、気持ちを落ち着かせ、安心してのびのびと心を開いてみましょう。すると、周りも安心します。貴女が「ここは、安全なんだな、安心できるんだな」と気づくと、貴女も、そして彼を含めた周囲も安定するからです。素直に甘えたり頼ったりする環境作りは大事ですよ。

最後に……

愛と不安はトレイに載った雪見だいふくのように、いつもふたつ並んでやってきます。人を好きになるのと同時に不安な気持ちに襲われるのは、だから当たり前のこと……そういうものだとわかってしまえば、貴女もほんの少し楽になるはず。

好きな人が自分の思ったような反応をしてくれないことに悲しくなったり、イラッとしたりする時もあるけれど、まずは落ち着いて、心の中に傷ついて泣いている少女＝自分を思い浮かべてみて。そして、自分で自分をいたわり、優しくケアすることから始めてみて下さい。

それから、彼と向き合いましょう。彼の中にもきっと傷ついている少年がいるはずです。心理学者のバーバラ・デ・アンジェリス博士も「あなたが思いをよせている男性も、あなたと同じように、心のなかには不安でいっぱいの小さな子どもが住んでいます。あなたの何気ない言葉や態度、軽い気持ちで冷たくしたりからかったりすることが、いかに相手を傷つけているかということを忘れないで下さい」(『本当に好きな人とめぐり逢う本』ワニ文庫)と述べています。

自分がこうして欲しいと思うことを、彼にもするようにしましょうね。

2-4

知らず知らずのうちに「猟奇的なDV彼女」になっている貴女に

伊田広行『デートDV予防学 シングル単位思考法でわかる』かもがわ出版、2018

いつも相手に重いと言われ、恋愛が長続きしない自分を変えたい・彼の周りの女性たちや元カノ、前妻の存在が気になって仕方がない・LINEでしつこく彼を責めたり、急に不機嫌になったりする自分をどうにかしたい……そんな方に特におすすめ。

「DVなんて、私には関係ない」「DVやモラハラって男がするものでしょ」……そんなふうに考えていた時期が私にもありました。また、「恋人同士なら嫉妬しあうし、それが愛でしょ」「好き同士なら毎日LINEし合うもの」という〝恋愛の常識〟を特に疑うこともありませんでした。もしかすると貴女も、いまだにそんなふうに考えているかもしれません。

ですが、以下の項目に思い当たることはありませんか？

□ 彼からのLINEの返信が少しでも遅れると待ちきれなく、「ブロックしたのかな？」と不安になったり、「既読スルー？泣」などと送ってしまったことがある

□ 彼が元カノや他の女友達に連絡するのは、些細なことでも許せない

□ 彼が自分以外の女性と食事をしたり飲みに行くのは、もちろん絶対にＮＧ

□ 別れの理由は納得するまで説明するのが当然。LINEで一方的に別れを告げるのは非常識だと思う

□ 寂しい時はそばにいて欲しいから、たまには彼を夜中に呼び出してもいいよね、と思っている

□ 彼を自分の好きな服装やヘアスタイルに変えさせた

□ 彼のスマホをこっそりチェックしていて、実はパスワードも知っている

□ 彼の気を引くために泣いたり、わざと寂しい思いをさせるために音信不通にすることがある

□ 男性が女性の容姿にダメ出しするのは当然だし、私もそうしている

□ 振られてもあきらめずに復縁を叶えるよう頑張るし、そのためならなんでもする

ひとつでも該当する項目があった貴女は、もしかしたら隠れＤＶ体質かもしれません。

「彼女なら、愛しているなら、これくらい当然でしょ」と思っていることも、相手の感じ方次第ではＤＶになってしまうのです。

作家でインフルエンサーのニャンさんも、「一般的にＤＶというと、男性が女性にする

ものばかり取り上げられるが、私は彼女の機嫌を気にするあまりに精神が病んでしまった男を2人知っている」(『かっこ悪くて、くだらなくて、でも安心できる。人はそれを愛と呼ぶ。』大和出版)と述べています。

せっかく相思相愛からおつき合いすることになった彼も、やがては貴女から距離を置こうとし、避けるようになり、結局去っていく……。いつも恋愛がこのローテーションの繰り返しという貴女。SNSに連投したり、彼をマンションの前で待ち伏せし、問いただそうとする前に……ぜひおすすめしたいのがこの本です。

彼と私は2個のゆで卵……〝シングル単位〟という概念

昔から言われている「夫婦は一心同体」という言葉や、恋人同士は特別な存在だからお互いが足りないところを補い合い助け合い、すべてを分かち合おうという考え。一見常識的で美しく感じますが……これでは「相手は自分の所有物」という思考になりがち。

そうなると「私の気持ちをわかってくれない」「私のLINEを無視するのはおかしい」「彼女の私を第一に優先するべき」などの不満が溜まることになります。

そこで登場するのが、本書で提唱する、二人は二心異体、「シングル単位」という考え方です。

交際相手を「自分の一部」「自分の思い通りになる存在」「自分の期待通りであらねば

> ならない存在」と考えるのが「カップル単位」でした。これに対して「シングル単位」は、いくら恋人や家族でも、「相手は相手、自分は自分」と、まずお互いの存在を切り離します。（P.44）

> 交際相手は自分の所有物ではなく、プライバシーがあり、相手の自立性／自律性を尊重しなければならない、と考えるはずです。これが、「シングル単位」の恋愛感覚です。（P.44）

ふたつの卵にたとえると、「カップル単位」はスクランブルエッグ、または目玉焼き。つまり、スクランブルエッグはふたつの卵が混じり合い、どっちがAの卵かBの卵かがよくわからないため、「二人は考え方や行動がいつも一緒」な状態です。これだと、弱い立場のほうが強い立場のほうに考え方や行動が嫌も応もなく引っ張られます。

また同様に、目玉焼きというのは、二人の境界線がなくなっているということ。本当は嫌だけれど嫌と言えない、ネガティブなことを言われても黙って受け入れてしまうなど……これでは自己肯定感が下がり、生きづらさを感じることでしょう。

理想は一枚のお皿に2個のゆで卵が仲よく寄り添っている状態です。それぞれが独立しているけれど、お互いが信頼しあい、認め合っています。それが本書で言う「シングル単位」なのです。

恋愛の必修科目は〝課題の分離〟

長続きする恋愛の実現や結婚の夢を叶えたいなら、〝課題の分離〟は必修科目です。

相手と自分を区別するために使う考え方です。交際相手とのあいだで起こる出来事を「これはだれの課題か」と常に考え、自分と他者の課題の分離をするのです。(P.56)

たとえば、貴女がお目当ての彼のことでとても悩んでいて、いつも顔色をうかがっているとします。彼に愛されたい、どうしたら気に入ってもらえるか……と常に彼に意識を向け、彼のことでいつも頭がいっぱいです。

ですが、この状態に「課題の分離」を取り入れると世界が一変します。

彼があなたを愛するようになること、貴女を気に入ることは〝彼の課題〟であり、貴女の課題ではないからです。

自分を好きになるかどうかは、相手が決めること。自分は自分のすべきことを淡々としていくだけでいい。そう考えるのが「課題の分離」の観点です。(P.67)

どこまでが相手の課題で、どこまでが自分の課題かを分けて考えてみましょう。それは、相手を変えようとせず自分ができることに集中し、最善の行為をできるだけやってみるということです。その自分の変化に伴い、彼の気持ちがどのように変わっていくのか……つまり、それはあくまでも〝彼の課題〟なのです。

このように「シングル単位」と「課題の分離」の考え方を恋愛に取り入れると、貴女のじとじと重たかった悩みが、ワンランク上のデパコス・ルースパウダーのようにふんわり飛んでいくことでしょう。

最後に……

ＳＮＳ、そしてLINEの登場でますます男女関係はややこしく、面倒になりました。朝夕のおはよう・おやすみの有無や未読既読でいちいち揉め、悩んでいるのも今や日常の風景。〝恋人関係とはＳＮＳやLINEで縛り合う関係と同義〟と言ってもいい様相です。

ですが、そういうつき合い方が当たり前だと思っていると……今後、貴女が不幸な恋愛をする確率は指数関数的に上昇するかもしれません。なぜなら、連絡がマメなのと愛されているのとはまた別の問題だからです。

内閣府男女共同参画局の『男女間における暴力に関する調査報告書』（令和2年）によると、交際相手からの暴力の被害経験の有無では女性が16・7％、男性が8・1％と、女性の被害は男性の2倍以上なのですが、電子メールやインターネットなどによる被害経験においては女性が42・5％、男性が53・0％と数値が逆転しています。

〝被害〟の意識は本人が恐怖や支配を感じているということが基準ですので、何度もLINEやメールをしても相手が平気、またはうれしく感じているなら被害やＤＶにはなりませんが、少しでも恐怖感や支配されている感を感じたら……それはＤＶです。

この本の著者の伊田広行さんが『デートＤＶと恋愛』（大月書店）で提案する恋愛論を最後に紹介します。

●本当に愛しているのなら、会っていない時に相手が好きなことをする自由を認め、自分もまた好きなことをする
●自分に自信があり相手を信じているので、会っていない時間も気にしないように努力する
●「こんな私に心から愛されて、彼は本当に幸せ」と自己肯定するのと同時に、「私と会っている時は、楽しく過ごせるように素敵なお店に連れて行ってくれたり、話題を提供してくれたりして、心から感謝してる」という気持ちを併せ持つ
●自分のパートナーにはたくさんの人（異性も含みます）と会って世界を広げ、人生がより豊かになるように心から応援する

もしかしたら貴女はこういった考え方に同意できないかもしれません。ですが、この考え方を実行すると自動的に貴女はパートナーから見て「手に入りそうで入らない距離」になり、愛されます。試してみる価値は十分にあることを、私が保証します。

2-5

腐女子が腐女子のままで愛される方法

アルテイシア『オクテ女子のための恋愛基礎講座』幻冬舎文庫、2016

恋愛経験があまりなく自分に自信が持てない・女子アナ系キラキラ女子になるのは無理だけど、実はモテたい・〝生活習慣病：いつも男にだまされてしまう〟を治したい……そんな方に特におすすめ。

恋愛本・婚活本を読んで「うんうん、なるほどね。明日からこの通りにやってみよう♡」と素直に思える人は、実はそもそもこのテの本を読む必要がない女性。そんな女性は、もうすでにモテたり彼氏がいたりするため、「もっともっとモテたい」「今の彼氏以上のいい男とつき合いたい」と思っていたりします。

本当に恋愛本・婚活本が必要な人は、せっかくそんな本を手に取ってみても、「私にはこんなのムリ」「もうすこし若かったら、キレイだったらこの通りできたかも」と感じてしまうのではないでしょうか。

こういう本の著者は、「元モデル」「元ホステス」などキラキラ女子であることが多いのです。実際、素でモテている人のモテ自慢も含まれていたりして、恋愛で苦しんでいる女子の心をさらに傷つけてしまうようなことも書いてあったりします。

ですが、そんな恋愛・婚活本が苦手な女子にこそ、読んで欲しいのが〝文筆界の上沼恵美子〟、アルテイシアさんのこの本です。

恋愛は選挙じゃない――欲しいのは本命からの一票だけ

男受けする女性を目指して頑張っても、それはいわば大勢の雑魚《ザコ》から集票しているだけのこと。無駄にチヤホヤされるのを目指すのではなく、自分を幸せにしてくれる男性の一票を手に入れればいいだけなのです。

あなたに必要なのは「みずから選ぶ」という姿勢だと、著者は言います。

著者は、「香水瓶」の法則を唱えています。

> 全ての女性は、その人が本来もつ「オリジナルのいい香り」がある。それは香水瓶の蓋を開けないと出てこないため、「自分には魅力がない」と蓋をしたままだと本来の香りを好む男に出会えない。かつフェイクの香りをまとっていると、フェイクに釣られるザコばかり引き寄せて本命を逃してしまう。（P.46）

本命には、不特定多数を捕まえる底引き網漁ではなく、その人本来の魅力で勝負する「一本釣り」で挑みましょう。そのために必要なのは「フル開示」で臨むこと。

具体的なフル開示の成功例は、「婚活サイトに、愛読書として物理の専門書を挙げたところ、理系の研究職の男性からメールをもらいました」「自分の根幹であるオタク趣味を否定されると無理なので、プロフィールには好きなゲームや漫画のタイトルをびっしり書いた。するとゲームオタクの男性からメールがきて、1か月毎日メールのやりとりをした」というもの。これは使えますね。

自分は王道系じゃないと自覚のある女子は特にフル開示がオススメ。(P.68)

自分らしくいるために〝女のコスプレ〟をする

自分に自信がないと、「私なんかに手が届く男はレベルが低い」と思ってしまいがちです。「イケてる男に選ばれると、自分のランクも上がる」「イケてない男とつき合うと、妥協したと思われる」……こんな「他者目線」でパートナーを選んで幸せになった人を見たことがない、そう著者は言います。

自分に自信を持ち、「自分目線」で男を選ぶためにはまず「見た目は女らしくした方が便利」。

現在の私は黒髪ロングヘアにワンピースが基本スタイルです。そのように見た目さえ女らしくしていれば、中身が珍獣だろうが海賊だろうが「女らしい」と認識される。（P.203）

第一印象が女らしいと、呼吸するようにゲスな下ネタや毒舌を吐いても「意外と男っぽくてサバサバしてるんだな」とプラス評価やギャップ萌えにつながる。（P.203）

ファッションだけ男受け仕様にすれば、他は男受けを狙わないで済む。つまり、中身の性格や言動は自分らしさを貫いたほうが、真にマッチングする相手と出会えるということなのです。

見た目を整えたら、あとはコミュニケーション。

ほめられたときにかわいく返せない私たちは、元気いっぱい「ありがとう」「わーい」と言いましょう。返答に困る質問、たとえば「今まで何人くらいとつき合ったの?」とか「最近エッチした?」などのセクハラ質問には〝ミラクルワード〟の「ナイショ」を駆使します。「ナイショ、ていうか○○さんは?」でOKです。

そして忘れちゃいけないのが、自分もリラックスして楽しむ姿勢。「男ウケキャラを演じなきゃ、素の自分は出さないようにしよう」とか思ってると、誰と話していても楽しくない。素の自分で勝負する＝一本釣りの法則を思い出して、のびのびとオープンマインドでいきましょう。(P.55)

最後に……

知人に大学で哲学を教えている男性がいます。彼の妻はカントの大著『純粋理性批判』を枕代わりにして寝ているとか。高さがちょうどいいのだそうです。こんな規格外の日常を語る彼に「妻への愛」を感じます。このエピソードでわかるように、自分を殺さなくても愛してくれる相手はいるのです。

湯山玲子さんは『文化系女子という生き方〜「ポスト恋愛時代宣言」！』(大和書房)でこのことについて「それは、婚活するなら文化系男集団の紅一点になれ、という超合理的な悪魔的戦術」と述べています。婚活の戦略としていわゆる〝オタサーの姫〟になるのです。アルテイシアさんも自分に合う「票田《ひょうでん》」を探すようにすすめています。

票田とは、自分の熱烈な支持者、コアなファンのことを指します。アルテイシアさんは飲み屋やバーに通ったところ、草食系のインテリやオタク男子たちと出会い、「ここに票田があった！」と気づきました。さらにスマホにアニメのストラップという「目印」をつけて、男性から声をかけやすい仕掛けも準備していたそうです。

今はたくさんの推し活・オタ活グッズが売っているので、男性を一本釣りする「釣り針」

として、上手に活用してもいいですね。

皆さんも自分マニアを探すべく、人生の舵をとって前進してください！(P.144)

2-6

見た目に自信のない貴女に知ってほしいこと

羽林由鶴『本物の恋は〝見た目〟が1割 あなたのままで「大好きな彼」から愛される方法』大和出版、2010

見た目に自信がないし、男性を意識するとどう振る舞っていいかわからなくなる・本当は恋愛にまったく自信がないのに、それを隠そうと無理をしている・恋愛では落ち込むことばかりなので、元気が欲しい……そんな方に特におすすめ。

この本の著者は体重１０３キロ、再婚した相手の男性は13歳年下で東大出身……そんな彼は「ユズっちの脳みそが大好き……」とプロポーズしたそうです。彼女はどんな技を使って彼を魅了したのでしょうか？

しかし、彼女のどの著作を読んでも、特別なテクニックや裏技は書いてありません。

本書もシンプルでストレート。普通すぎてものたりないかもしれません。でも、いつだって普通が大事。普通がいちばん大切なのです。

恋愛カウンセラーのぐっどうぃる博士も、「誰もが高級なお酒をほしがるわけではありません。値段が手頃なお酒や、無名の銘柄のお酒を買っていく消費者も多いのです」と述べています。彼だけに響く特別なワインになるために……まずは普通のことから、始めてみませんか？

未来の自分に期待しつつ人生を楽しむ「ユズ流マインドセット」

自分に自信はないけれど、それなりに明るく楽しくは生きていきたいもの。では、心に嘘をついて、無理に強気にポジティブ・シンキングという名の元気のゴリ押しをすればいいのでしょうか？　でも、そういう虚勢って、張れば張るほど周囲には痛々しく映ってしまうものなのですよね。

そうならないためのひとつの方法として、著者は「未来の自分に期待すること」の重要性を説きます。

> 「私なんか、どうせ結婚はムリだよね。恋愛だってできないかも……」
> いまどんなに大きな問題を抱えている人よりも、未来に期待できない人のほうが、幸せになりにくいということをあなたは知っていますか？（P.35）

そんな未来の自分に期待しつつ人生を楽しむ「ユズ流マインドセット」とは、以下のようなものです。

■ユズ流マインドセット その1

●自分の気持ちを曲げて、無理やりポジティブになろうとしない
●自分の様々な感情をそっくりそのまま受け止める
そして……
●ただ単純に、未来の自分に期待する

これは自分のことをいったん棚上げし、単に「こうなったらいいなぁ♪」と好き勝手に楽しい未来を想像することです。たとえば「素敵で優しい彼氏」「かわいい自分の子ども」「憧れのマイホーム」、そして「やりがいのある仕事」などなどを……。えっ、本当にこれだけで人生を楽しめるの!?

未来に期待する時間が長くなればなるほど、人生はワクワクドキドキと輝きはじめます。
忘れがちですが、あなたの未来をつくるのは、いまのあなたですもの♪ (P.40)

確かに「では、その未来を実現するためには何をしたらいいのかなぁ♪」と前向きな気持ちには一瞬でなれます。単純ですが、癒し効果は絶大です。

私の場合、前にも申しましたが、いろいろな人とかかわることで、世の中には様々な人がいることに気づきました。

そして「私のような人もありかなぁ」と思えるようになって、強がらなくてもいいんだと少しずつ素直に自分を受け入れられるようになっていきました。(P.42)

■ユズ流マインドセット その2

●自分の価値を下げるような、もったいないことをしない、言わないと誓う
（たとえば「どうせ私なんかブスだし」「もう年だし」「今さら頑張っても無理」など）

●そして、もし「考えても仕方がないこと」が浮かんだら……

「自分の価値を下げちゃうなんてもったいないなぁーい♪」と気づいた時点で笑い飛ばす
(P.53)

自分のことをいろいろ考えてダメ出ししたり、くよくよ悩んだりすることが減ると、男性に対して、おどおどしたり媚びたりすることも、いつの間にかなくなっていくものなのです。

■ユズ流マインドセット その3

●男性と接する時は、今まで誰かと仲良くなった時を思い出し、その感じでおつき合いをする

●ゆっくりと徐々に仲良くなっていくように、を心がける

「男性だ」と意識せず、近所のおじいちゃんおばあちゃんや子どもに話しかけるようなノリでいましょう。あくまで自然体をキープ。焦らず、少しずつね。

自信がなくても大丈夫「ユズ流簡単コミュニケーション術」

1 ファーストデートに「必殺牛丼作戦」

同じ会社やサークルなどに気になる彼がいた場合、「お腹がすいたぁ。牛丼食べに行かない？」と誘ってみましょう。

牛丼のいいところは……。

●男性にリードしてもらいやすい

●早くて安いから会話時間が間延びせず、誘いやすく断られにくい

●カウンターなら横並びなので緊張せずに話しやすく、それなのに距離が近い

……なんと、いいことずくめではありませんか！

そういえば私も、「ネットで話題の〝チー牛〟って食べてみたい！」と男性を誘ったこと

ありました（笑）。東国原英夫さんも美人女優の元奥様を牛丼屋さんに連れて行ったのがきっかけで仲良くなったのだとか。手慣れた様子でオーダーする彼に、貴女も甘えてみて下さいね。

2 連想ゲームで会話を盛り上げる

デートの前に「何をしゃべろう……」と、彼の好きそうな話題を調べたり、そのことについて勉強したりしていませんか？

でも著者は、「男性が求める会話は、疲れない程度の時間潰し」で、「特別な話題などあるのは、むしろ邪魔」と述べています。

そんな著者が、下準備としてすすめるのは〝連想ゲーム〟。

「そのマンガおもしろいの？」「私も読んでみたい！」程度のやり取りさえできれば、会話が成り立つのがデートでの会話。むしろ、「あ、知ってる。そのマンガって実はね……」なんていうのは〝会話泥棒〟と言ってマイナスだったりするのです（私は時々やってしまいます……）。

連想ゲームは、「りんご、みかん、柿、栗」みたいに関連する単語をつなげていくものです。雑誌の見出しや電車の広告の言葉から頭の中でスタートするのもいいですが、私はスマホの連想ゲームアプリで練習してみました！　単純なものからちょっと高度な雑学しばりのもの、アニメしばりのものなどいろいろあるので試してみて下さいね。

３ ケンカは仲良くなる大事な機会。〝プチ言い合い〟を始めよう

著者は「ケンカはお互いの本音が見える大事な機会。それを避けるなんてもったいない！」と述べています。永遠のパートナーを目指すなら、我慢しないで気楽に言い合える仲を目指しましょう。

まずは「たけのこか、きのこか」のチョコレート戦争みたいなかわいい言い合いから練習です。「スイカに塩をかける、かけない」「カルディか、ジュピターか」「卵焼きは甘い派、甘くない派」などの小ネタで、いちいちかわいく揉めてみましょう。Official髭男dismにも「犬かキャットかで死ぬまで喧嘩しよう！」という曲があります。〝ずっとこのまま〟とポジティブに永遠の愛を誓う、素敵な曲です。

「私たちってつまんないケンカをよくするの」
この言葉を笑っていえれば、この先も安心です。（P.101）

最後に……

「あなたが希望を捨てたのです。希望はあなたを捨てません」。その昔、心理学者の加藤諦三さんがラジオ番組の冒頭でいつも言っていた言葉です。

ありのままの自分をそのまま受け入れると……未来には素敵なことがきっときっと待っている。そう思うと自然とニンマリ、自分のことがかわいらしく思えてきます。そう、大

人女子はいつだって、ルンルンを買ってお家に帰るのです。

作家の岡本かの子や宇野千代は当代一流の男性たちから、ありえないレベルでモテていましたが超絶美人ではありません。歌人の与謝野晶子は当代のモテ男、与謝野鉄幹をモノにしましたが、同じく美女というわけではないようです。彼女たちもまた羽林さん同様、頭脳で男性を落としました。

彼女たちほどの頭脳や才能に恵まれていなくても、彼女たちの勇気は少しならマネできるはず。同調圧力や時代の流れに屈しない強さや、新しいことを始める積極性などはとても参考になります。

焦って「どうにかしよう」と思わず、少しずつ。恋愛でも、人生でも、「時間」を味方にすることが上手くいく秘訣なのです。

2-7

「繊細さん・敏感さん」が上手に恋愛する方法

エレイン・N・アーロン『ひといちばい敏感なあなたが人を愛するとき ＨＳＰ気質と恋愛』 青春出版社、2020

ＨＳＰの恋愛、結婚について悩んでいる・繊細過ぎて恋する自信がない・私はＨＳＰだけど彼は非ＨＳＰ・私も彼もＨＳＰ……そんな方に特におすすめ。

5人にひとりはいるというＨＳＰ（Highly Sensitive Person）。細かいことによく気がつき、人の気持ちをくみ取ったり、直感を働かせたりすることが得意な反面、何ごとも過剰に受け止めてしまうため、疲れやすく傷つきやすい面もあります。そんな繊細さんが恋に落ちたとしたとしたら……。

恋愛では「傷つくことを怖れてはいけない」と言われています。ＨＳＰの方が怖れや動揺を乗り越え、恋を成就させるためには、どうしたらいいのでしょう。

それには、初めてＨＳＰを提唱し、恋愛心理の実験で有名な「吊り橋効果」の発見者の夫と様々な共同研究をしているエレイン・Ｎ・アーロン博士が書いたこちらの本がおすすめです。

はじめに～ＨＳＰであることを肯定的に受け入れましょう

恋愛のお話を始める前に、ＨＳＰの貴女にぜひ心に留めて欲しいことがあります。

（※自分がＨＳＰかどうか確認したい方は、心理カウンセラーで〝水希〟のペンネームで多数の恋愛本を著している塚越友子さんのブログに、お勧めのＨＳＰチェックシートのリンクがあります。また、アーロン博士が作成したチェックシートもご参照下さい）

日本版チェックシート（論文）

https://www.jstage.jst.go.jp/article/jsre/23/2/23_68/_pdf/-char/ja

アーロン博士作成チェックシート

http://hspjk.life.coocan.jp/selftest-hsp.html

まずＨＳＰの方が最初に必要なのは、自らのライフスタイルを自分の気質に合わせるということです。貴女が静かで落ち着いた暮らしが好きなら、堂々とそうして下さい。著者はこれに関して、「自分に必要なことをして何が悪い」という強い意志が必要だと言います。

そして、「他人の求めに敏感なスイッチ」は切りましょう。大切な人のためだけに敏感さを使うように貯めておくのです。そうしないと疲れてしまいます。

また、貴女を肯定しない人からは離れましょう。自らもＨＳＰである著者は、「私は肯定感を奪う場所からはできるだけ離れ、自分を守ることが絶対に必要だと決めた」と述べています。

さらにＨＳＰの方は、人が食事中に立てる音や体臭、変なクセなどささいなことが気になり、その人を嫌いになってしまうという傾向があります。「神経質」「潔癖症」といった人が貼るレッテルに対しては、「自分は敏感だから、小さなことでイライラしてしまうのは仕方がない」と気に病まないことです。もちろん何ごとにも限度はありますが。

貴女のことを好きになる人の中には、きっと貴女自身も「この人が本当に好き！」と思える人がいます。そんな人に自分の敏感さを説明したら、彼はきっとわかってくれるはず。著者は「そうでない人はどうでもいいのです」と断言しています。

ＨＳＰの恋愛の特徴

■相手のことをずっと考えてしまう

ある対象をじっくりと想う時間が長ければ長いほど、その対象への想いが強まるとい

う研究結果があります。（P.180）

ＨＳＰの方は、じっくり考える〝プロ〟なので、必然的に非ＨＳＰの人と比べて恋する気持ちが盛り上がりやすいのです。

■不安も喜びも強く感じてしまう

不安や喜びの感情は相手に対する思いを強め、恋愛気分を強化してしまいます。ＨＳＰの方は、あらゆる感情を強く感じるので、激しい恋に落ちやすいのです。

■「実らない恋」に陥りやすい

ＨＳＰの方は、意識では愛を求めていても、無意識では親密さを怖れていることがあるので、「実らない恋」に引き込まれやすいと言われています。

■相手の欠点が見え過ぎてしまう

ＨＳＰの方は、パートナーの欠点を細かく拾い上げ、それを〝悪いもの〟のように感じやすく、「問題のない普通の人」と「問題のある人」との区別がつきにくい傾向があります。

■思っていることが言えない

ＨＳＰの方は、何ごとも深く受け止めてしまうので、相手から強く言い返されるのが苦手です。だから、不満があっても言えず、心の中に溜め込んでしまいやすいのです。

HSPの方の恋愛が上手くいくためには？

■彼の「セラピスト」になる

パートナーと親密になるために、心理療法の「理想化転移」を応用しましょう。理想化転移とは、患者が医師やセラピストに恋しやすい現象のことを言います。これは拒絶されない安心感と、相手も同じ気持ちでいるという希望（または幻想）から生まれます。

> 相手を大きく受け容れましょう。惚れている相手なら簡単なはずです。相手に頼ってもらい、子どもっぽい部分も受け容れて、うんと母性を注ぐのです。二人だけのプライベートな空間に篭《こも》ることも忘れてはいけません。（中略）二人の間の親密さを育てるのは、秘密の開示、信頼、素直さ、ですが、素直さがないと他はついてきません。(P.199)

■一緒にワクワクすることをする

実験の結果、一般的にカップルのトラブルには「退屈」が大きく関係しているということがわかりました。HSPの方も、安らぎや癒しだけでなく「ワクワク」を取り入れ、二人の関係を活性化させましょう。旅行はもちろんですが、釣りやキャンプ、ボルダリング、乗馬などもおすすめです。何がヒットするのかわかるまで、新しいことに相手を誘ってみて下さい。

■深い会話をする

２０１０年、著者はパートナーとの「関係の単なるマンネリは、パートナーとの関係の満足感に影響するのか」という研究をした結果、ＨＳＰの方は、深い会話（腹を割った会話）をしないと関係に飽きてしまうということを発見しました。つまり、二人のマンネリを打破するには「深い会話」が必要なのです。

もし彼が非ＨＳＰなら……

■できるだけ彼の趣味にもつき合う

相手がクラブやロックのライブに一緒に行くのが好きなら、こっそり耳栓をしてつき合いましょう。代わりに非ＨＳＰの彼は絵画の展覧会に行っても、貴女ほど喜んでいないかもしれません。それでも彼がつき合ってくれるのは、それが貴女に愛を伝える行為だからです。それを忘れないで下さいね。

■粗探しを控える

ＨＳＰの方は相手の欠点を深く受け止めてしまいがちですが、貴女は相手の長所もそれ以上に深く受けとめるようにしましょう。白か黒かではなく、「軽薄」だけど「おもしろい」

とか、「馴れ馴れしい」けど「人懐っこい」など、長所と短所を併せて意識することが大切です。

「相手を選んだ時、その人の問題も一緒に引き受けた」のです。（P.233）

■直接的に伝える

貴女が失礼に当たらないよう婉曲に優しい表現で伝えたとしても、非ＨＳＰの彼にはそのメッセージが届いていないかもしれません。たとえば「私、寒がりなの……」ではなく「クーラーの温度を上げてもらえる?」とはっきり要望を伝えましょう。これは職場などでも意識してみて下さい。

私も彼もＨＳＰなら……

■誰かを愛することは、自分を愛すること

ＨＳＰの方は、「自分の敏感さ」を相手に見て、それを不愉快に感じ、相手をののしったりすることがあるようです。

相手の欠点に対しても、まずは共感の気持ちを持ちましょう。それには自分のＨＳＰらしさを受容すること。そうすれば彼にも寛容になれます。

自分のこともパートナーの敏感さもしっかり肯定する（P.272）

最後に……

「控えめで、細かいことによく気がつき、もの静かな暮らしが好き」というＨＳＰの特徴は、この国では特に女性の望ましい気質として受け入れられてきました。私も親から「女の子は家でおとなしく本でも読んでいなさい」と言われ、その時は疑問に感じることなく従っていました。そのため、ＨＳＰは遺伝の部分が大きいと言われてはいるけれど、周りからの圧で後天的に「繊細さん」の気質を身につけた女性もいるように思います。

「私はＨＳＰじゃないし……」という人も、言いたいことが言えずに我慢して苦しくなったり、人の欠点が気になってイライラするなどの悩みがあったとしたら……「敏感さ」の閾値《いきち》を下げたり、そのスイッチを切ることを考えてみて下さい。

また、気質を武器にしたり、逃げ込む口実として利用しないことも大切です。たとえばパートナーや家族に対しては「私はＨＳＰだから○○するのは無理！」と言うのではなく「私はＨＳＰで○○なことが苦手なので、席を外しますね」「私はこういうのが得意ではないＨＳＰなので、フォローして欲しいの」と面倒でもきちんと説明し、理解を求めることができるのが素敵な女性です。そして、自分の繊細さだけではなく、彼の繊細さにも気づいて下さい。男性の弱さや傷つきやすさは隠されがちなので、もし気がついたら「男らしくない」と跳ねつけたりせず、優しく受け入れてあげて下さいね。

2-8

貴女がつらい恋ばかり繰り返す本当の理由

伊東明『恋愛依存症 苦しい恋から抜け出せない人たち』実業之日本社、2015

別れたほうがいいとわかっていても、どうしても別れられない彼がいる・なぜか自分よりも「格下」だと感じる男性に惹かれてしまう・捨てられるのが怖すぎて、いつも彼の言いなりになっている……そんな方に特におすすめ。

どうして私たちは「おいおい、そっちの水は苦いって……」と気づいているのに、「無理ゲー」「クソゲー」な恋に執着してしまうのでしょうか。

彼がDV気質、出会い系アプリに夢中、なぜか常に金欠etc……「マニア」すぎる恋の思い出ばかりを収集し、女子会で恋バナという名の自虐ネタを披露するのも、そろそろ飽きてきている貴女……世界の中心で愛を叫んでしまったあとで、死ぬほど後悔するような恋愛から抜け出せないのは、知らないうちにどっぷり〝恋愛依存症〟というスライムに絡め取られている疑いが濃厚です。

アディクション（依存症）・カウンセラーのピア・メロディさんによると、恋愛依存症者は「見捨てられへの恐れ」と「親密さへの恐れ」のふたつの恐怖感から、無意識のうちに良い関係が作れない恋に陥ってしまうのだそうです。

さらに要注意なのが、「相手を思い通りにするためだったら、思いついたあらゆることを実行してしまう」という執着心からなる〝思いつきの行動〟。この〝思いつきの行動〟、自分の思ったようにうまく機能した試しが、ないんですよね……。

ジェーン・スーさんの『私たちがプロポーズされないのには、101の理由があってだな』（ポプラ社）は、まさに、女性が男性に仕掛けてしまう様々な（うまくいかない）〝思いつきの行動〟に対し、自分で自分に厳しいツッコミを入れている本でした。好きな人が自分の願いを叶えてくれないことや、期待する通りに変わってくれないことに対し「なぜ私だけこんな目に」などと被害者風情に陥《おちい》っていたスーさんは、やがて「好きだった男が私の願いを叶えてくれなかったからといって、私は被害者だったのでしょうか？」と振り返り、ようやく自分のゲスさ（利己的な考え）に気づくことができたのです。

自ら〝独身のプロ〟を標榜《ひょうぼう》するスーさんでさえそうなのですから、自分のこととなるとメロメロに甘い私たちならなおさら……。

世の中にある流行り病と同様、恋愛依存症の症状も人によって様々です。予防のため、またはこれ以上の重篤《じゅうとく》化を防ぐためにおすすめしたいのが、こちらの本です。

貴女のそれは、典型的な〝恋愛依存症者〟の行動でした……（自分では無意識）

恋愛依存症の恋愛は、傍から見て「やめなよ……」と言われるような恋なのですが、全部がそうというわけではありません。依存症の有無に限らず恋愛って基本つらく、苦しいものです。

基本的には、「何かに取り憑《つ》かれている感」があるのが、依存症的な恋愛だと思います。この本では、恋愛依存症を①共依存、②回避依存、③ロマンス依存、④セックス依存の4つにわけて、それぞれを詳細に説明していますが、ここではその中の「共依存」に注目しました。

まずは本書のチェックリストや事例を参考にして作った以下の項目から、貴女の恋愛依存症度を確認してみましょう。

【恋愛依存症ハマり具合チェックリスト】

□メールやLINEの返信が返ってこないと、ひどく落ち込む

→普通は落ち込みます。病みます。ただ、我を忘れてスマホに齧《かじ》りつき、メールやLINEを嵐のように連打してしまうとしたら要注意。

□自分が好きかどうかより、彼が自分のことをどう思っているのかが気になって仕方がない

↓「私のこと好き?」ってしつこくたびたび訊いていませんか?

□相手の言動のすべてが気になり、機嫌が悪いのかな、嫌われたのかなといちいち考えてしまう

↓自分の幸せよりも、相手の幸せ優先というのが共依存者の合言葉だそう。

□「本当の自分」を彼に知られたらきっと嫌われると思い、「いい子」を演じているから、本音が言えないでいる

□楽しいことがあると、なんだか悪いことをしているような気持ちになってしまう

□いつか相手が改心し、「これこそが本当の愛!!」「今までのことはオレが悪かった」などと言って泣いてくれるとこっそり期待している

↓残念ながら周りを見ても、そんな状況はほぼ皆無か、あったとしても貴女から何かを得ようとする演技だったりします。

□何か極端な〝駆け引き的なこと〟をしたら、彼の気持ちを取り戻すことができると固く

信じている

→極端な″一手″はだいたい失敗します。地道に普段からコツコツ頑張るしかありません。

ひとつでも思い当たることがあれば、貴女は共依存的な恋愛依存沼に片足なのか、それともどっぷりなのかはわかりませんが、浸かっているのではないでしょうか。

つらい恋ばかりを繰り返す本当の原因って？

なぜ私たちはパートナーに対して挙動不審で迷惑な行動をとったり、「どうしょうもない男」とばかりつき合ったり、振られることを極端にまで恐れてしまうのでしょうか……。

Chapter5で紹介しているジョン・グレイ博士の『ベスト・パートナーになるために』には、「私たちが異性関係の中で経験するさまざまな説明のつかない精神的混乱は、その原因の九〇パーセントは実をいえば自分の過去に関係がある」とあり、この『恋愛依存症』にもしっかりと引用されています。

私たちは、恋愛で苦しいのは全部目の前の彼か、自分の至らないせいだと思ってしまいがちですが、それはせいぜい10%程度。グレイ博士は「九〇対一〇の原則」と名付けています。この本『恋愛依存症』では、その心理状態を以下のように説明しています。

突然襲ってくる説明のつかないネガティブな感情や精神的混乱、そのほとんどは、今ここにいる自分もしくは今目の前にいる相手に原因があるのではない。過去の経験や感情を記憶から甦らせる引き金が引かれたのであり、過去に受けた傷口が開かれようとしているためなのである。（P.109）

たとえば、悪い男から離れられない理由は「この彼なら、私から離れていかない」という安心感が持てるから、なのかもしれません。普通のいい男なら「いつか捨てられるかも」と不安になってしまうからです。

実は貴女は、自分が安心するために、わざわざつらい恋を選んでいるのではないでしょうか。

自ら進んで不幸を甘受していないか、再点検してほしい。「しょせん、自分にはこの程度がふさわしい」「どうせ自分は幸せになれない」「むしろ、私は幸せになってはいけない人間だ」などとあきらめや絶望の気持ちとともに我慢していないか、自分に問いかけてみてほしい。

あなたは幸せになっていいのだ。「私は幸せになっていい」と自分に何度でも言い聞かせよう。自分が幸せになることを、自分に許してあげられるようになるまで何度でも。

（P.134）

貴女は幸せになれる（ゼッタイ！）

一日も早く楽になりたい、彼のことばかり考えて病んでいる状況から抜け出したい……と思っているのなら、今は難しいかもしれないけれど、少しずつ変えていきましょう。

1 まず、自分を愛すること

いろいろあるけど、これがいちばんだと思います。

> もし、本当の意味で自分自身を愛することができるのなら、ありのままの自分を受け容れることができるのなら、恋愛依存症に陥ることは絶対にないだろうと断言できる。
> （P.312）

作家のメロディ・ビーティさんは『共依存症　いつも他人に振りまわされる人たち』（講談社）で、「自分を好きになり、自分に同情し、親切になろう。自分を嫌っていて、どうして自分を大切にできるだろうか」と言っています。「人前でありのままの自分でいても、なにも問題はない。思い切って、そうしてほしい」とも。自分大好きでいるのが恥ずかしいとか、ありのままの自分だと嫌われると思ってしまうのは「過去のなにか」に思わされているだけなのです。その思い込み、１００均で買ったゴミ袋にポイ！です。

2 相手ではなく自分に焦点を当てよう

彼にせっせと尽くしてしまうのは、彼を自分に依存させて、自分から逃げていかないように頑張っているだけなんですよね（そんなふうに思ったことが、私にもありました）。

彼に取り憑かれた状態から抜け出すには、二週間程度の休養期間を設けてみるのも、おすすめです。「毒親」という言葉を一般的にしたスーザン・フォワード博士は『その恋を捨てる勇気がありますか』（早稲田出版）で、目につくところに、彼のことはちょっとお休みという意味を込めて〝一時停止標識〟を書いた付箋《ふせん》を貼りまくるように提案しています。今ならスマホの壁紙にするのも、いいかもしれませんね。

休養期間中は、自分が幸せに過ごせるようなことをしましょう。美容皮膚科で施術を受けたり、温泉やマッサージに行ったり、オタ活・推し活をするなど……それは戦士の休息です！

3 過去と向き合ってみる

この本では、彼をあきらめたり、過去のトラウマのせいにするためではなく「手がかり」を得るために、過去と向き合うことをすすめています。

「過去のあなた」へとゆっくり、一歩一歩、近づいていく。母親が傷ついた子どもを抱きしめるような感じで、過去のあなたをそっと、やさしく抱きしめる。同時に、「あなたのつらさがよくわかる」「心配しなくても大丈夫」「私があなたを守ってあげるよ」などの言葉で、やさしく励ます。（P.324）

……とはいえ、怖いのはフラッシュバックによる心身の不調です。

まずは自分が幸せになる足固めをし、そして過去と向き合えるのなら、そっと向き合ってみて下さい。でも、決して無理はしないで下さい。私もこれを書くのにアダルトチルドレン系の本を読みすぎて、しばらく布団にくるまってはスンスンイジイジしてましたから。

恋愛を自分の思うままにコントロールしたい。そう思った時から〝恋愛依存症〟の罠に捕まります。

著者は、「手をはなす」ことを提案しています。むりやり断ち切るのではなく、たとえば今まで１０００キロの力で彼を引き寄せようと頑張っていたのを５００キロに緩めてみるということです。「絶対に彼じゃなきゃいや」という思い込みを、「彼もいいけど、他にもいい人はいるよね」という具合に。急には無理かもしれないけど、少しずつ、少しずつです。

最後に……

私はこの本を書くための資料を読み漁った結果、自分が軽い摂食障害ではないかと感じました。でも、なんだかそれだけではなさそうでさらに深く調べたところ、私の気質の多くの特徴がADHD（注意欠陥多動性障害）に当てはまっていることがわかりました。ADHDの人は過食になりやすいのだそうです。自分のことを知ったおかげでやせました。

そして、今回もまた自分が軽めの恋愛依存症だとわかってほっとしています。どちらかというと共依存寄りではなく、今回紹介できなかったロマンス依存。手の届かない相手を好きになり、「いい人」には興味を示さず、ちょっと「普通ではない」肩書を持つ人を好むという、この本のチェックポイントにもしっかり当てはまっています。

そしてついでに、「シンデレラ・コンプレックス」を持っていることもわかりました。シンデレラ・コンプレックスって白馬に乗った王子様を待っている女性のイメージが思い浮かびますが、実はちょっぴり違っていました（近いけどね）。それは「男性に寄りかかって甘えていたい、庇護《ひご》されたい」という心理状態のこと。知らなかった！　男性とスタバに行った際、帰りに「私のトレイも彼が下げて欲しい」って思っちゃうのはそのせいだった。でも、私はシンデレラ・コンプレックス、素敵だと思っています。むしろ誇りです。自分の弱みを見せることができるのが、本当の強さだと思っているので。

川崎貴子さんの『愛は技術　何度失敗しても女は幸せになれる。』（ベストセラーズ）によると、男性を伸ばす妻は「あなたが頼りなの」と全身で言うことができる女性だと述べています。レッツ、「素敵にシンデレラ・コンプレックス」(by Hiromi Go。作詞家阿久悠さんが一番キレッキキレだったころの素晴らしい楽曲）です！

Chapter **3**

魅

女に生まれて
良かったと
実感するための8冊

愛嬌と云うのはね、
自分より強いものを斃《たお》す柔かい武器だよ

——夏目漱石『虞美人草』より

3-1

恋という戦闘に勝つのは、いつも小悪魔な女

蝶々『小悪魔な女になる方法』集英社、2008

女性はモテるほうが全人生において有利だと思う・自己肯定感が高い女性の考え方と振る舞い方を教えてほしい・追いかけるよりもやっぱり追いかけられる女でいたい……そんな方に特におすすめ。

ジェンダーフリーやフェミニズムの考えが日本でもようやく浸透しつつある一方で、最近よく聞く言葉、それが「女性性」。

「女性性を大切に」「女性性を楽しもう」「女の子はなんでもできる」「女性は常識に囚《とら》われず好きなことをして生きよう」……こういったスローガンの元ネタ、実はそれって2000年代の「小悪魔ブーム」なのです。

著者は以前、下着をプロデュースしていた時、ワコールの取締役に「自分を信じきる力

がすごい」と言われたそう。そのエピソードを読んで私は、「自己肯定」に羽が生え、花から花へとふわりふわり飛んでいるような女性をイメージしました。

女性としての魅力を磨き、モテすぎて困っちゃうくらいモテてみる。自分の好きなように振る舞い、本命からは愛されて大切にされ、周りの男友達からは女神のようにチヤホヤされる。それが小悪魔。

そう、やはり小悪魔な女は愛されるのです。

そもそも「小悪魔」ってどんな女性なの？

小悪魔とは……著者によると、「ワガママで、自由気ままで、とびきり女の子っぽくて。でもどこかミステリアスで読めなくて、ついつい男をトリコにしちゃう、魅力的な女の子のこと！」（『恋する女子たち、悩まず愛そう　小悪魔Ａ』集英社文庫）。そして、男はそんな小悪魔が本当に好きと著者は断言。小悪魔なら恋愛シーンでは負けることなんてありえないし、当然モテる。

そしてモテとはクセのようなもの……そう、習慣化するのです。モテ始めてその極意を知ると、男性に大切に扱われることにより「だいたいの男は私に優しい♪」と脳内にインプットされます。それが無限に続くモテループの始まり始まり、となるのです。

使える小悪魔ルールズ ベスト16

この本の中には147個の「小悪魔ルール」がありますが、本当に使えるおすすめのルールを私が16個厳選、要約して解説します。

■ルールその1　自分の得意分野と勝負どころを知る

文系男、理系男、体育会系にガテン系、営業系、技術系、オラオラ系……自分に惹かれて寄ってきた男性に合わせているうちに、自然と似たようなタイプの男性ばかりに好かれるようになっていくものです。そして、自分のキャラを知り、自分はそういう男性に好かれるのだとわかったら、そうした男性との関係を大切に育て、煮詰めて濃くしていきます。そうすると、、年齢を重ねていくほど唯一無二のモテを獲得できます。

仕事でも恋愛でもマーケティングは大事。モテる女性はたいてい、「私って○○な男ばっかりにモテちゃうのよね」と言うのです。

■ルールその2　「男の五感に訴えかける女」を追求

女の子っぽい雰囲気が全身から醸し出されるような空気感を作ることは、とても大切。壇蜜さんなんて、見た目の妖しさプラス空気感でブームを作ったわけです。メイクやファッション（視覚）、言葉と声（聴覚）、キスとセックス（味覚）…etc.を磨きましょう。

ただ、「モテ」や「愛され」をキーワードにしたメイク道具や洋服などを買いすぎてしまうなど、「踊らされてしまう」こともあるので注意しましょうね。

■ルールその3　濃いメイクはマイナスになる

濃すぎるメイクは、男性はあまり好きではありません。小悪魔ブームのころ、著者の蝶々さんがいつもノーファンデだったというのには驚きましたが、それもいまや普通のことになっています。

『自分史上最高の愛され顔になれる女子アナメイク』（宮澤結弦著、サンマーク出版）には「BBクリームを透明ジェルで薄めて使う」「下地は不要」とありました。10年は軽く先行ってますね。素顔がかわいいと思わせるような、すっぴん風メイクがおすすめです。

■ルールその4　他人の目線は、最高のエステ

他人の「視線エステ」は無料なので、惜しむことなく浴びたいもの。前述の女子アナメイクの本においても、最終的にキレイを磨くには「人に見られる」「人に撮られる」「自分の姿を鏡でチェックする」の三点が必要だとのことです。

■ルールその5　イイ女の美容には、ほれてくれる男やファンの存在は欠かせない

昔いた会社の社長から、入社の際、「人には添うてみよ 馬には乗ってみよ（親しくつき合ってみないと相手の人柄はわからない。何事も経験してみようという意味のことわざ）」

という言葉をいただいたことがあります。以来、なんとなく私の座右の銘《めい》のひとつになりました。婚活時代、マッチングアプリの時代になって一層、このことわざを思い出す機会が増えました。

自分に言い寄ってくれた男性とはとりあえず一回はデートしてみて、「ファン」として大事に扱いましょう。自分のファンを管理するスキルはとことん磨いたほうがいいのです。いいサポーターを作っておけば人生が拡がるからです。

■ルールその6　「これだけは譲れないイイ男の条件」を、3つ挙げてみる

これも、現在のマッチングアプリを利用した出会いにはとても有効なルール。最初に30個程度理想の条件をあげて、それを10個にしぼり、最終的には3個にしぼりましょう、というのは『愛され革命』（大和書房）の著者エマさんも提案しております。

確かに条件を明確にしておくと、本当にその通りの人に出会えるのですよね。不思議。

■ルールその7　貢ぎたくなるほど魅力的になる

> もし、素敵なプレゼントが欲しければ、「プレゼントしたくなるほど彼にとって魅力的」な存在にならなくちゃ。(P.60)

男性からプレゼントをもらい、その金額が高ければ高いほど愛情を感じるという女性は

確かに存在します。だけど駆け引きで高いものを買わせようと考えなければならない時点で、もう負けていると思います。そんな貴女は、まずボディミストあたりからかわいくおねだりしてみてはいかがでしょうか。

■ルールその8　小悪魔は、男に仕事を与える

「男性には尽くすな、尽くさせろ」とよく言われます。男性は「好きな人」に尽くすことで喜びを感じるので、貴女も「誰かのお姫様」になってあげて下さい。男性は結構本気で姫を探しているのです。

　ただし、これもよく言われるのですが、その際は、貴女のして欲しいことをわかりやすく伝えることが大事です。男性は察してくれません。

■ルールその9　男って、恋する女には「綺麗で」「いい香りのする」「現実的すぎない」存在でいて欲しい

「現実的すぎない自分でいる」って難しいことです。だって女性は、好きな人には、たとえスッピン・ジャージ姿でも愛されたいって思ってしまうから。でも、それは残念ながら、彼の熱い心に水を差す残念な行為。

　ボロボロのスマホケース、かかとがすり減ってめくれた靴、目やにがうっかりくっついたまま、などはＮＧ。彼のために「いい女」を演じてあげる遊び心を持ちましょう。

■ルールその10　コビる女はナメられるが、ほめ上手はモテる

ほめられるのが苦手という男性は結構多いようです。ほめるのが下手な人にほめられても、逆に居心地が悪いからでしょう。

思ったことを素直にサクッと、ズバッと惜しげもなく口に出す。これが下心を感じさせないほめ方のコツです。また、彼とバイバイしたあと心に浮かんだ「あの時の彼、素敵だったなぁ」という思いを、次のデートで「前会った時ね……」ってちょっと恥じらいながら伝えるのもいいでしょう。

■ルールその11　「こんなにかわいくてイイ子なのに、なぜ彼氏いないんだろう?」という子、周りにもいるでしょ?　それは「バカ正直」だから

〝素〟はもちろん、出しましょう。ただし〝情報〟は小出しでしか開示しないことが大切です。

貴女も、好きな人に対しては「本当の自分を知ってほしい」「正直で誠実な自分でありたい」って思っちゃいますよね。ですが、自分のマイナスな悩みや元彼からこんなひどい目にあったなどということを次々と言うのは、恋人関係の前哨《ぜんしょう》戦としてはマイナスなのです。もちろん、つき合いが長くなり、本当に彼と関係が深くなればＯＫです。

■ルールその12　マニュアルを鵜呑《うの》みにしない

こんな本を書いているくらいなので、私は日本一の恋愛マニュアル大好き人間かもしれません。だけど一度マニュアルを頭にインストールしたら、あとはすべて忘れて過ごしてます。人は無意識でいる〝素〟の時がいちばんかわいいと思うからです。

そもそも、常にマニュアルを気にして「ここはこうすべき」なんていちいち考えて行動してたら楽しくないでしょう？　同じように、かわいい女性は日々を「自分ファースト」で楽しく過ごしています。

■ルールその13　男の嫉妬は、小悪魔には不可欠な要素

一昔前はわざと嫉妬させるような言動をしましょうということが、恋愛本で盛んに言われました。

けれども、嫉妬をわざと掻き立てるような演技や駆け引きなんかしなくても、黙っていても嫉妬されるような女性になりましょう。具体的には本書全体をじっくり読んでいただければと思います！

■ルールその14　自分らしく、好きなように、が小悪魔道／世間の常識に、縛られない

いろいろなわずらわしいことに縛られているってことに早く気がついて自由になって、という著者の主張は、本書だけでなく、今も変わらず一貫しています。何にもとらわれていなかった子どものころのように、自分自身をいきいきと解き放ち、勇気を持って自分を開きましょう。

■ルールその15　自尊心の強い男がいちばん弱いのは、これまで自分に夢中だった女の、

「自分への無関心」

彼に連絡するのを我慢して苦しくなったら、腹筋しましょう、スクワットしましょう。今、彼に連絡を返したら上手くいくのか、それとも相手を醒めさせるのか……ちょっと冷静になって熟考してみて。

■ルールその16　肩の力を抜いて、女であることを１００%肯定し、楽しみ、自分の魅力を最大限に生かし、ワガママいっぱいに、恋愛人生を満喫する。(P.185)

ＳＮＳが発達している今、人気者になればなるほど叩かれるのは宿命みたいなもの。ちゃっかりかわいくしたたかに、マウンティングやバッシングなんてどこ吹く風で人生を、恋愛をとことん楽しみましょう。

一方、本書の中で私がおすすめしないルールは「ベッドでとっておきのマッサージをする」です。彼に一生懸命マッサージをして、恋愛が上手くいったという話を私は今まで聞いたことがありません。マッサージは彼にしてもらう側に回ること。これが私の小悪魔？ルールです。

最後に……

ぐっどうぃる博士おすすめの恋愛映画『(500) 日のサマー』は、まさに小悪魔チックな女の子がヒロイン。彼女は、いったん肩に止まってはすーっと逃げる蝶々のようにかわいく男性を振り回す女性です。なんだかんだ言って、男性はこんな女の子に振り回されることで彼女をますます好きになり、追いかけてしまうのです。

「ツンデレ」「あざとかわいい」「病みかわいい」などなど……自分の欲望に忠実でちゃっかりしつつも憎めない女の子は、一部で叩かれながらも、これからもモテ続けるでしょう。

小悪魔っぽい女性と言えば、海外ではB《ブリジット》・B《バルドー》、日本では加賀まりこさんの名前がよくあがりますが、私の推しは現・水谷豊夫人、元キャンディーズの伊藤蘭《らん》さんです。蘭さんの小さくて甘い和菓子のような、上品なキュートさは男子大学生を虜《とりこ》にしました。

また、別の項で紹介したジョン・グレイ博士の亡き妻ボニーさんも小悪魔要素たっぷりな人だったと思います（理由は『ベスト・パートナーになるために』の項（5―2）を読んで下さい）。

小悪魔は世界を超え時代を越えて、人の心を奪うのです！

3-2

「理想の彼」をつかまえる恒久不変の法則

エレン・ファイン、シェリー・シュナイダー『ルールズベスト』青春出版社、2015

いつまでも自分のことを最高に好きでいてくれる人と結婚したい・婚活や恋愛で「これだけは守って！」という鉄則を知りたい・そもそも男性とどうつき合ったらいいのかわからない……そんな方に特におすすめ。

貴女がどんなにきれいな女性であっても、また恋愛の駆け引きを熟知していても、あるいは女子力が高くても……つき合っている相手の男性が貴女にそれほど夢中ではないとしたら、きっと虚しさと寂しさを覚えることでしょう。

貴女のことを「運命の女性」と信じ、ずっと大切にしてくれる「ワンランク上」の男性を手に入れるためには、いくつかの規則（本書で言う「ルールズ」）に従うこと。『ルールズ』には最初に発売された『ルールズ　理想の男性と結婚するための35の法則』（ベストセラーズ）以来、様々なバージョンがありますが、新たに日本女性向けの助言を加えたのがこの『ルールズベスト』です。

魅力的で特別な女性になるための「ルールズ」

結婚したい女性が最良の男性を得るためには、特別な女性になることです。そのためにはまず、見た目の底上げから始めましょう。

美しくない女性など1人もいません。ただ、怠け者の女性がいるだけなのです！（P.32）

——これは、世界的な化粧品メーカーの創業者であり、女性起業家で史上始めて大富豪になったヘレナ・ルビンスタインの名言としても有名な言葉です。

男性は自分の好みがあり、そこから外れてしまうと恋愛対象にはなりにくいもの。だから、彼から愛される芽があるかどうかは、貴女の「見た目」に関わってくるのです。

そして最も重要なのが、振る舞い方の規則です。

●その男性がいないとダメというような依存的な態度ではなく、自分らしく生きていて、自分の時間を大切にする。時には忙しい振りをする

●「なんでもかんでもすべてを出そうとしない」「すぐに自分のことを全部知ってもらおう

としない」（このような態度をミステリアスと呼び、ルールズでは重要視しています）。

●言うべきことは、はっきりと明確に答える

ミステリアスな存在でいれば、貴女に関心を持っている男性は「また会いたいな」と思い始めます。

同時に、相手の目を見て話し、イエス・ノーが明快で、素敵な笑顔を作れる女性でいて下さい。ミステリアスな態度との相乗効果で、さらに魅力が増します。

ルールズはひとりの男性を取り合うのではなく、男性が本当に好きな女性を選んでいく方法です。だから、いったんルールズで関係を築いてしまえば、ライバルはいなくなります（リアル婚活サバイバル番組の『バチェラー3』がまさにこの状態でした）。

また、彼の家に行くようになっても、彼の家に自分の持ち物を置かないようにしましょう。（P.103）

この本以外の多くの恋愛本でも、同棲はしないようにすすめていますが、ルールズでは化粧品や衣類などの私物を彼の部屋に置くのもNGです。生活感はなるべく消し、彼の部屋に痕跡を残さないこと。一線を引いた態度は、貴女の育ちの良さも感じさせます。

「相手に追いかけさせる」がルールズの鉄則

ルールズが目指しているのは、男性が女性を追いかけ、とてもとても大切にし、その女性なしでは生きていけないとなっていくことです。(P.40)

だから、もし相手が何もしてこなければ、その人は放っておきます。そして彼の行動を待つか、他の人を探しましょう。また、リーダーシップは常に彼にとらせます。恋愛で気持ちを盛り上げるのは彼の役目です。だから「つき合って欲しい」「結婚したい」は、あえて彼に言わせます。「あなたなしでは生きていけない　I can't live without you」は貴女が言うのではなく、彼に言わせる言葉なのです。

男性は女性に自分から働きかけを積み重ねていくと、その女性を大好きになっていきます。(P.41)

その男性が自分の意思でその女性にしたいからする、ということが重要なのです。(P.42)

ルールズの鉄則は、「貴女を愛する人を愛しなさい」。すなわち、彼が貴女に関心を持ち、彼が追いかけているという関係でいることです。逆に、貴女のほうがのぼせてしまえば、彼にとっては相手が手に入ったも同然になり、どうしてもこの女性を手に入れたい、というチャレンジ精神を失ってしまうので要注意です。

> 一流の男性ほど、このルールズはよく効きます。そもそも、一流の人ほどもてる傾向があり、女性のアプローチには飽き飽きとしています。(P.166)

いわゆる〝ハイスペ〟と言われる男性は幼いころから競争に明け暮れ、それなりに勝利を収めてきたので目標を達成するのが大好きです。勝負に勝とうと最後まで頑張るのが身についています。なので、「自分から連絡をしない」「リーダーシップは彼に執らせ、自分からつき合って欲しそうな素振りはみせない」などの、追わせる系ルールは特に重要です。常に彼の〝目標（ターゲット）〟でいること。このことはつき合ってからも、そして結婚してからも忘れずにいましょう。

最後に……

世界一のモテ男だったケネディ・ジュニアを射止めたのは、セレブ女性でもなんでもない、ラルフローレンの広報をしていた女性でした。彼女、キャロリン・ベセット＝ケネディ夫人の「どうやって彼と結婚したの？」と問われた答えが、「ルールズを参考にしたのよ」。以来、世界中の成功哲学のほとんどが、聖書の影響を受けているのと同様に、『ルールズ』

のあとに出た恋愛指南書のほぼすべてが肯定的であれ、否定的であれ、なんらかの形でこの本の影響を受けています。特に駆け引きを主体とする恋愛本は、結局のところ『ルールズ』の副読本にすぎないと、私は認識しています。

聖書のすべてを実践することは困難で、現代には沿わない内容もあります。また、聖書は読み返すたびに、その時の気分にぴったりの答えや新しい気づきを与えてくれます。

そして、それはルールズでもまったく同じです。読み進めて心に刺さった箇所・自分にしっくりするところから自分の恋愛に取り入れましょう。今でも時々、婚活系のＳＮＳやブログなどで、ルールズに縛られ固執し過ぎて悩んでいる女性を見かけますが、まずは参考にする程度で大丈夫。

「そもそものルールはなんのためにあるのだろう？」。そう考えることが、真のルールズガールへの第一歩なのです。

3-3

「彼の恋愛ホルモン」を大量放出させる女になる

大嶋信頼『すごい恋愛ホルモン 誰もが持っている脳内物質を100%使いこなす』青春出版社、2018

婚活しているけれど、なかなか好きになれる人と出会えない or 好きになれない・彼にイライラしてダメ出しすることが多くなっている・気になる彼が私を好きになるようにしたい……そんな方に特におすすめ。

私たちは自分の意思や感情で自由自在に恋愛しているように思っていますが、実は脳内に分泌されている〝ホルモン〟に操られているだけだったりします。

だから、ホルモンの作用や効果を知っておくと自己コントロールが容易になりますし、相手の行動の裏にある本当の気持ちがわかるようになるのです。さらにホルモンの力を借りて、相手の心を動かすことができるようにもなるのです。

そのために読んでおきたい本が、こちらです。

恋をしたら、それはホルモンのしわざ

ホルモンとは人間の体内にあるもので、神経伝達物質と呼ばれています。本書ではそれらホルモンが恋愛にもたらす効果を紹介しています。

以下の5つが恋愛ホルモンです。

●エンドルフィン

男性が何か失礼なことを言ったりして女性がムカつくと、脳内でこのホルモンが出ます。エンドルフィンは苦痛を感じた時に、その苦痛を麻痺《まひ》させる作用があるのです。いわば麻薬のような効果があるので〝脳内麻薬〟などと言われることも。オレ様男やヤンキーがモテるのは、エンドルフィンのせいかもしれません。

●ドーパミン

《ドーパミン》は「快楽」「多幸感」といった感情や、意欲、学習などに関わっているホルモンで、想像力の源です。(P.34)

片想いや一目ぼれをして相手のことをあれこれ〝想像〟し勝手に盛り上がってしまうの

は、このドーパミンのしわざです。

●オキシトシン

男性が困っている姿を見て手を差し伸べたくなり、その同情が〝好き〟に変わったら、それはオキシトシンの作用かもしれません。いわゆる〝母性本能がくすぐられている〟状態です。

●テストステロン

男性の男らしさに関係があるテストステロンは、嫉妬心を起こす作用があります。嫉妬心が刺激され、いつしか恋に落ちてしまうのです。

●フェニルエチルアミン

異性と出会ったとき、容姿的・肉体的・知的能力において自分と遺伝子がマッチしている相手だと感じたら、恋のホルモンである《フェニルエチルアミン》が分泌されます。

(P.42)

このフェニルエチルアミンも、分泌されると幸せな気分になる脳内麻薬です。

以上の5つの恋愛ホルモンを上手に出したり出させたりして、恋愛体質になりましょう。

ホルモンが巻き起こす恋の〝落とし穴〟

1 〝ダメ出し〟で恋のホルモンを止めるな！

恋のホルモンを分泌させることは案外簡単。特定の人に目星をつけて「ステキ！」「かっこいい！」と思うだけでホルモンが分泌しちゃいます。分泌させると、美しくなったり、恋愛しやすくなります。ですが、せっかくの恋のホルモンをわざわざ止めてしまう人がいるというのです。

実は、恋のホルモンを止めることもとても簡単で、「足が短いんだな……」「食べ方がちょっと……」など相手に対して〝ダメ出し〟をすると、ホルモンの分泌がピタッと止まってしまうのだそうです。だから、恋をしたいのなら、心の中のダメ出しグセをいったん止めてみましょう。

2 恋愛が上手くいっているのに、急に不安になったりイライラするのは〝恒常性〟の働きによるもの

恋のホルモンがドッと分泌され、ルンルン気分になると、人体はやがてそれを平常心に戻そうとします。それが恒常性のシステムで、恋をしている最中、私たちがハッと我に返り不安になったりするのは恒常性のせいなのです。

さらに、孤独を感じさせるホルモンで〝中和〟しようとします。孤独を感じると人は破壊的な人格に変身し、相手に対して攻撃的になり「すぐ既読にならない人とはつき合えない！」「忙しい忙しいって言いながらTwitterやってるのムカつく！」というようなLINEを送信し、関係を破壊してしまうことがあります。

そうなってしまう仕組みを理解しましょう。「これは恒常性の働きだから、破壊行動をしようとしているんだな。やめなくちゃ」と冷静に自覚することが大切です。

ホルモンの力を使って、相手を恋に落とそう

次に男性にホルモンを出させる方法をご紹介します。

①フェニルエチルアミン（自分と同じ魅力を持った人に分泌）で恋に落とす

人の脳にある〝ミラーニューロン〟という細胞の働き（注目した人の脳をマネるという働き）を利用します。気になる男性が自信を持っていること（仕事、趣味、特技など）をマネし、それを彼にLINEで自慢してみます。

たとえば、仕事ができる男性だったら、貴女もなにげなく仕事ができるアピールをするのです。すると、脳は勝手に「仕事ができるこの女性は魅力的！」とフェニルエチルアミンを分泌させて、恋に落ちやすくなるのです。

②テストステロン（嫉妬のホルモン）で恋に落とす

相手を嫉妬させるようなLINEを送ります。たとえば、「○○くんに告白されちゃった」とか、職場の男性たちと楽しそうに飲んでいる写真を送るなどして、相手のテストステロンを分泌させます。すると、相手は貴女のことが気になってきて、嫉妬からやがて恋愛モードになります。

また、『性と愛の脳科学』（ラリー・ヤング、ブライアン・アレグザンダー著、中央公論新社）には、テストステロンが産生にかかわっているヴァソプレッシンというホルモンの作用により、男性は女性を自分の〝なわばり〟と認識し、他の異性に奪われないように防衛する〝配偶者防衛〟を引き起こすという仮説が示されています。やはり、「他の男に取られたくない」と思わせておくのは、非常に重要なのです。

③オキシトシン（愛情ホルモン）で恋に落とす

ちょっと困ったことを彼に相談してみます。そこで彼から返ってきた答えを実行して、「ありがとう、助かったよ」とフィードバックして感謝を伝えます。

そうすることで、「あの子を助けたい。大切にしたい」という貴女を庇護したい気持ちに誘導します。

前述の『性と愛の脳科学』には「新しく付き合い始めたカップルのオキシトシン濃度を測定し、それから六か月、彼らを追跡調査した。六か月後も関係を保っていたカップルは、実験開始時に最も高いオキシトシン濃度を示していた」とあります。

長くつき合いたい彼と出会ったら、お互いのオキシトシン濃度を高めるようにしたいですね。世話を焼いたり、大切に扱うことでオキシトシンは放出されるので、本命の彼にはせっせと尽くしてもらいましょう。

④エンドルフィン（怒りを鎮《しず》めるホルモン）で恋に落とす

彼がちょっとムカッとするようなLINEを〝あえて〟送ります。

たとえば、相手が会社の同僚や部下なら、「仕事ちゃんとしてるの？　なんなのあれ？　私、ムカついてます」など。そこで彼が言い訳してきたら、さらに叩きます。その後「あれどうなったの？」など、心配するLINEを送るのです。

これで貴女は相手にとって「本当は優しいのかもしれない」と思われ、気になる存在になります。これは〝脳内麻薬〟エンドルフィンの作用でツンデレから相手を落とすという常套手段です。

⑤ドーパミン（想像を膨らませるホルモン）で恋に落とす

さびしげな小動物の写真を送ったり、意味深なJポップの歌詞をつぶやきながら、「これ、すごくわかるんです……」など、相手の想像力をかき立てる内容のLINEを送ったりします。これで相手のドーパミンが分泌され、彼は貴女のことが気になって仕方がなくなります。

> 《恋のホルモン》は、「自分と同じような魅力を持った相手」に分泌されますから、対等な関係じゃなければ、分泌されるのは難しくなるのかもしれません。(P.57)

この本でも紹介した『元カレと復縁できる方法 SNS対応版』にもあるように、彼と「対等な関係」でいることは恋愛では必須です。

イケメンであろうが、ハイスペであろうが、貴女が卑屈になったらその恋は終わったも同然。アルテイシアさんはこの本でも紹介した『オクテ女子のための恋愛基礎講座』の中で、心の中に「大阪のおばちゃん」を飼うことをおすすめしていますが、私はやはりデヴィ夫人を飼うことを強くおすすめします。黒柳徹子さんでもよし！「♪るーるる、るるるるーるる」ですよ。

最後に……

いつもいがみあっている二人が、何かのきっかけでいつしか恋に落ちる……というパターンは恋愛ドラマでもおなじみですが、実はこれもホルモンのしわざ。

私利私欲のためではなく、ひとつの大きな目標（仕事の成果など）に真剣に取り組んでいると、たとえ相手がドストライクのイケメンでも大ゲンカに発展することがあります。しかし、それがいつのまにか恋や、本物の友情に結びついたりするのです。

ここでのポイントは「自己中心的なワガママからではなく、成功や大きな目標達成のためにケンカをした」「相手のことは一目置いて尊敬している」「相手のプライドをへし折らない」こと。いい男であればあるほど、たとえ大ゲンカになっても真剣にぶつかっていく価値はありますよ。

3-4

男が思う〝いい女〟はこんな人（ただし美女に限る？）

F『いつか別れる。でもそれは今日ではない』 KADOKAWA、2017

いい女になって相手を見返したい・年上、年下、ハイスペ、遠距離、彼女持ち、既婚など訳あり男の心を奪いたい・大人のいい男（特に文系）の考えていることを知りたい……そんな方に特におすすめ。

自分の思い通りにならないつらい恋をして、夜も眠れないくらいに傷ついた時……「今のままじゃ、だめ。絶対に今よりも、もっともっといい女になって見返してやりたい」という思いに駆られることもあるでしょう。

ネットで恋愛コラムを大量に検索し読んでみたけれど、表面的な女子力アップのテクニックは、なんだか見覚えのある使い古されたものばかり。こんなんじゃだめ、もっと特別な女性になりたい……そんな思いがあるのならこの本です。

「ただのいい女」から、「悪い女」になれ!

いい女になって相手を見返す方法、それはシンプルだと著者は言います。

> めちゃくちゃ勉強し、めちゃくちゃ仕事ができるようになり、めちゃくちゃ金を稼ぐようになり、めちゃくちゃ良い食事をし、そしてなによりめちゃくちゃ色んな男とセックスをし、酸いも甘いも噛み分けて、めちゃくちゃ美しくなるということである。(P.54)

ただし、これだけだと「ただのいい女」にすぎません(とはいえ、目指すのはめちゃくちゃ大変ですが)。ただのいい女は、やがて、いてもいなくてもいい女、そして都合のいい女、つまり「どうでもいい女」になってしまうのです。そう、目指すのは「悪い女」になるということ。

悪い女の特徴を、著者は、

●言葉が武器だと知っていて、その言葉をどうぶつければ欲しいものが手に入るかを知っている

●そもそも、自分が欲しいものが何かをわかっている

ことだと言います。
また、逆に関係改善に本当に有効なのは、相手を振り回すことだとも。

あくまで主導権を自分に置き続けること。我慢は一切しないこと。好きなようにやること。そして好きなようにやっている自分を好きになってもらうことだ。

それで好かれないなら、その関係に未来なんてない。(P.57)

これは男性から心底惚れられなさい、ということを表現しているのでしょう。
男性が「振り回され自慢」「鬼嫁自慢」をするに値する、そんな女になればいいのです。

さて、愛されているかどうか、見極めるには?

愛されているかどうかは、だから、イッた直後の男を見るしかない。(P.32)

そんな状況で「愛している」と言われたら、それはまぎれもなく本物である。(P.32)

年上の男をカンタンに落とす方法

男性は、内心女性に振り回されたい、溺れてみたいと思っていますが、特にその傾向が顕著なのが、実は年上の男性。そんな男を落とすのは案外簡単です。

この本ではその方法として、まず、①「甘えるな、甘やかせ」と提案。そして、年上の男の心の揺れ……自信のなさや精神的な安定と不安定を繰り返す状況を「なんとかしてあげる」、具体的に言うと、②「褒めておく」。偉いね偉いねと言い続けるのです。

さらには、③「敬語とタメ口を使い分け、それをいきなり切り替え」、④「若い世代（あるいは自分）しか知らない話題をあえて振る」ことで劣等感を植えつけ、年下の女性と関係を持つことでのメリットを叩き込みます。

そして、⑤「年上の男がいる業界に、関心を持つ振り」をして、仕事の愚痴などを言わせやすくし、安定的な関係になれば、⑥「同じ環境にいる若い男との日常的な接触を何度でも匂わす」ことで、嫉妬をさせまくります。

この方法は年上の男だけではなく、自分よりも格上の男や、逆に年下の男にも応用が利くでしょう。一度心をつかんでしまえば、年齢や社会的地位なんて関係ありません。自分の価値＝魅力を十分にわかっていて、悪びれもなく堂々と振る舞っていればいいのです。この本を手に取っている貴女なら、簡単なはず。

本書が定義する〝美人〟は本当に素敵です。たとえば、

私の思う美人は、好意も殺意もまっすぐ本人に伝える故に、人間関係についてほとんど悩むことはなく、誰かに媚を売ったり、頼る必要もないから、群れる必要もなく、

> 明るく振る舞う必要もなく、誰かを振り向かせる必要もなく、振り向かれることに完全に飽きていて、そして一人で幸福に絶望している、そんな人だ。（P.26）

といったような。

つまりは、上記のような美人の定義を深く納得しつつ「でも、くだらない」とクスッと笑っちゃうような女性が、実は〝美人〟かと、私は思います。

最後に……

恋愛においては、女性が主導権を握ったほうが上手くいき、実は男性もそれを望んでいます。そのためには男性選びも大事ですが、何よりも、いい女（＝悪い女）であろうと決意することがもっと重要です。

「悪女はまぎれもなく、真面目な女にしかなれない」と著者は言います。さらに、失恋に絶望したことのある女、かつて良い女だった女にこそ悪女となる資格があるという著者の言葉を信じるなら、その資格を持つ貴女は一度、いい女（この本での〝悪い女〟）を目指してみてはいかがでしょう。

恋愛研究者のANNAさんの友人に、「男をあやつる女」という言葉がぴったりの女性がいたそうです。お金がない時は、キスをしたこともない男性が彼女に生活費を振り込んでいたり、持ち物は、ほとんどが男性からのプレゼント。そして、生活費やプレゼントの男性以外に素敵な彼氏がいつもいたそうです。水商売の経験がなく、清楚《せいそ》な容姿の彼女に、ANNAさんは質問しました。「どうして男はみんな、あなたの思いどおりになるの？」と。彼女はこう答えたそうです。「『この世にこんな子がいたなんて！』と思わせればいいんだよ」と。さらに観察した結果、彼女は男性に対していつも〝天使〟を演じていたことがわかりました。

すごいお話ですが、私がその後ANNAさんのブログを詳細にチェックしてわかったのは、どうやらこのご友人、見た目も相当レベルが高そうです。悪女はやはり、それなりの容姿レベルが必要なのかもしれません。著者Fさんおすすめのハーゲンダッツのストロベリーが悪魔的に似合う、そんな女性に私もなりたい。

3-5

一緒にいて周囲に誇れる女になる

しぎはらひろ子『愛されリアルコーデ』朝日新聞出版、2017

洋服で「愛される」「モテる」「似合う」の3つを叶えたい・恋愛は見た目が大事と言うけど、何を着ればいいのかわからない・少しでもかわいくなる服を着たい（切実）……そんな方に特におすすめ。

「流行っているから～」「かわいいから～」などのふわふわした理由でお洋服を買うのもいいけれど、どうせなら自分を素敵に変えてくれる「運命の一着」を手に入れたいもの。

自分に自信を与えてくれ、魅力を引き立ててくれるお洋服を選べるようになること……それは「セルフプロデュース能力」です。素敵な女性＝セルフプロデュース能力に長けている人、なのです。

この力を一度身につけると、愛されるコーディネートが自然にできるようになるし無駄な買い物も減るしで、いいことしかありません。
読むだけで最強のデート服を選べる貴女になりたいなら、この本がおすすめです。

素敵に生まれ変わるための「愛されコーデ」(メンタル編)

胸の奥底に抑えていた自分の心に素直になって、あなたの心が望む一着を選べばよいのです。すると、お洋服があなたに魔法をかけてくれるのです。(P.3)

洋服は漫然と選ぶのではなく、どのような女性になりたいのかという動機づけが大切。貴女が素敵に生まれ変わるための提言を、この本から要約してお届けします。

●「どんな女性になりたいか・見られたいか」「どういう理由で選んだのか」を明確にすれば、服は貴女のために忠実に働き、パワーを与えてくれる

●「好きな男性から愛される女性のイメージ」など、目的に沿って選んだ服を着たら、同時に「女優スイッチ」を入れる。つまり、愛される女性になり切るということ

●着た瞬間、身体の奥底から喜びを感じる服だけを買うこと。その服を貴女の強烈なサポーターとしてクローゼットに招き入れる感覚で

●ライバルに着られたら悔しいと思う服を自分が着ること。どんな時でも「このコには負ける」と思わせるような服を選ぶ。ひがむほうではなくひがまれるほうになろう

自分はなんとなく、このあたりのレベルの〝無難な人間〟だと思っていたのに、「え? 私ってホントはこうだったの?」と自分の中に隠れていた女性らしさや可能性に気づいた瞬間、届かないと思っていた高みにあったものが全部自分のところにヒューッと引き寄せられるのです。(P.45)

●装いや見た目は、相手に与える印象に10割影響する

●「面倒くさい」は大敵。本当に変わりたいなら、なりたい自分に向けて今日行動すること

だから、自分がどういうふうになりたいか突き詰めるの。目的がたくさんあるから、なりたい像をキーワードにしていくんです。「キュート」で「アクティブ」とか。いくつかのキーワードを組み合わせていくと、自分の服のキーワードが決まってくるんですよ。(P.136)

素敵に生まれ変わるための「愛されコーデ」（実践編）

次に具体的に「男性から愛される着こなしのポイント」をこの本から紹介します。時代の流行にとらわれない、不変の法則です。

●男性が惹かれる服のナンバーワンはワンピース。形は身体のラインにつかず離れずの、ソフトタイトなもの。特にドレープが利いているものがおすすめ

●口紅は発色のいい華やかな色のものを選ぶ。少し濃いと感じるくらいが、全体のバランスから見てちょうどいい

●ねじり込み（くるりんぱ）や編み込みなどのおしゃれな一本結びを除いて、「ひっつめ髪」はやめたほうがいい。おしゃれをあきめているか、頑固な印象を与えてしまう

●婚活サイトのプロフィール写真では、その他大勢が着そうな服を選ばないこと。確実に「その他大勢」となり、埋もれてしまう

●身体のラインは隠しすぎないこと。体形が出ない服ばかり着ていると、どんどんメリハ

リのない身体になっていく

●ストッキングは女っぽさ・色っぽさを出す大切なアイテム。また、控えめにラメの入ったダークなストッキングや細かい目の網タイツなども活用してみて

●男性が女性らしさを感じる最強ポイントは、ウエストマーク。ベルトはもちろん、ワンピースやスカートのライン、色の切り替えなどで〝ウエストの存在〟を感じさせて

●スカートはマーメイド型やフレア型、ドレープのあるものなど、〝ふわりと揺れる〟デザインが最強

●とろみのあるジョーゼットやふんわり優しいオーガンジーレースは、男性が女性らしさを感じる素材。触れた時に柔らかい感触のシルクやカシミアも同様

面倒くさがらずに、男性には少しでも夢を見させてあげましょう。結果的にそれが、長く愛され続けることにつながるのです。(P.204)

いろいろなことを書きましたが、以上のポイントさえ押さえていれば、あとは自分の好きな服で大丈夫です！

私の実感では、カジュアルファッションの時代になっても男性は相変わらずストッキングが好きな人が多いように感じます。また、無難なファッションよりも、少し女らしさを感じさせるような華やかさを好むようです。

一言でいうと、見るからに「ザ・女性」といった感じが、やはり男性は好きみたいですね。

ちなみに、私はメイク本も大好きなのですが、併せておすすめなのは『小悪魔な女になる方法』（3―1）の項でもお伝えしている本、宮澤結弦さんのその名もずばり『自分史上最高の愛され顔になれる女子アナメイク』（サンマーク出版）です。紹介されているメイク用品は、ほぼすべてがプチプラ。良心的かつ〝使える〟本です。

最後に……

今、私たちがファッションの情報を収集するのは、雑誌ではなくＳＮＳがメインとなり、この流れはもう戻らないとも言われています。

鈴木涼美さんは『ＪＪとその時代』（光文社新書）で、「『正しく』『現代的で』『力のある』女性を目指そうとする若い女のコたちにとって、『ファッション誌に踊らされる』ことそれ自体が過度にネガティブな印象を持ってしまったことはあるのだろうと思う。インスタグラムなどで自分のファッションを発信し、（ファッション誌に指図されるのではなく）『自分で選ぶ』ことを重視するような発言をする者であっても、その姿はまた別のインスタグラムと酷似していることはよくある」と述べています。

私たちはネットで評判を調べてからお洋服を購入したり、周りの友達から浮かないように空気を読んでコーディネートを考えるようになり、その結果〝量産型ファッション〟という言葉も生まれました。筋トレなどのボディメイクや美容医療が一般的になり、服よりもそれを纏《まと》う〝素材〟のほうに関心が向かっていることもあるでしょう、

とはいえ、やはりおしゃれは大切な自己表現です。おしゃれをして人と会うのは「貴方を大切に思っています」という好意の現れです。まずは言葉よりもお洋服で、貴女の気持ちを表現しましょう。

3-6

自分が気持ち良くて相手も満足するセックスの技法

しみけん『人生最高のセックスに出会いたい貴女へ しみけんが教える56のルール』笠倉出版社、2020

一度セックスをしたら相手のテンションが急激に下がり、音信不通になったことが実は何度かある・彼がなかなかイカなくてつらい・演技じゃなくて本当にイケるようになりたい……そんな方に特におすすめ。

「早く家に帰って、彼女（彼）とセックスするのが待ち遠しい……」。そんなカップルに、内心憧れますよね、大きな声では言えないけれど。男ゴコロをつかむには胃袋……だけじゃなく、もうひとつ別なモノもつかむことが大事だって、貴女も本当は知っているはずなのです。

ただし、セックスのことを他人にアドバイスできるほど熟知している人は、そう多くはいません。今回はその点において、今いちばん信頼できる著者の本を紹介します。

感じやすく本当にイケるカラダになりたいっ

女性にとって「イケる、イケない」は悩みの種。本当はイってないのに、イっているフリや本当は気持ち良くないのに気持ち良いフリをし続けていると、いつしかセックスがイヤになってしまいます。イヤイヤ彼の相手をしていても、いつしかそれは必ず伝わって……。

既婚男性が女性を口説く決まり文句が「妻とはセックスレスなんだよ」というのは周知の事実ではありますが、あながち嘘とも言い切れないのも、また事実なのですよね……。浮気防止のためにも自分のためにも、よく濡れ、よくイケる身体を目指そうではありませんか。

そもそも〝イク〟とはどういう状態を言うのでしょうか。著者によると、

●「イクーッ！」とジェットコースターのようなイキ方をする人は実は少数派
●小刻みにイク人、ぼんやりと地味にイク人など、人それぞれ
●イったことに気がついていない人もいる

ということで、目安は「セックスが終わったあと、スッキリしているかどうか」だそうです。

また、セックスは彼に委ねるばかりではなく、自分でもイクために行動する必要があります。

そのために著者がいちばんに挙げているのが「オナニーをすること」。

オナニーでイク感覚を覚え、膣の中の神経トレーニングをしたら、セックス中、相手に「そこをもっと」「もう少し上をして」などと伝えたり、自分でクリトリスをいじったりして、自分から寄せていく努力が必要です。(P.11)

クリトリスだけではなく中も愛撫して自分を知り、開発していきましょう。(P.11)

そして、イキやすくなるためには、

●運動をする。運動をすると脳と身体の神経がつながるので、自然とイキやすくなる。運動をしている人はイキやすいばかりか、エッチなことに積極的になれる
●たっぷりの水分補給が必要。スポーツドリンクのお湯割りか白湯がおすすめ。唾液量が増え、キスの感度がアップし、濡れやすい身体にもなれる
●たっぷりの睡眠時間を取る。著者の〝体感〟では、ショートスリーパーはイキにくく、7時間以上寝る人が最もイキやすいそう

本気で中イキしたいなら相手任せはやめ、イク努力をしましょう。（P.94）

エッチの時は、どんなふうにしたらいいの？

本書の内容から、セックスの時にちょっと意識するだけで格段に愛され上手になるコツをまとめました。

●勇気を持って意思を伝えれば、幸せになれます

「そこ違う」ではなく「もう少し上」とか、「痛い！」ではなく「もう少し弱いほうが感じる！」などです。（P.36）

●口に出すのが恥ずかしかったら、そっと彼の手をつかんでクリトリスや乳首のポイント箇所に誘導します。彼が貴女の希望を叶えてくれたら「そう、そこ」とささやくなど、ポジティブな反応で喜びを表現しましょう

●両手はシーツやまくらを握るのではなく、常時彼の身体のどこかに触れていましょう。背中や肩、脚などに手のひらを置いたり、腕を回すなどでお互いの接地面を多めに確保します

男性もしかりで、お互いに触れる面積が多いほど、気持ち良さや幸福感が増します。よく「彼氏がなかなかできない」「遅漏で困っています」という声を聞きますが、この「触れる」という行為だけで改善が見られます。(P.40)

●相手に声をかける時は「気持ちいい？」ではなく「痛くない？」「強くない？」がおすすめ。否定しやすい聞き方のほうが、本音が言いやすいのです

●フェラチオにもコツがあります

「唾液をたくさん出して滑り良く、接地面を多く、ストロークは長く、両手を遊ばせず、吐息を漏らしながら、つむじを見せないようにする」(P.50)

●フェラチオをしながら、乳首や陰嚢にもタッチしてあげましょう。親指と人差し指で輪っかを作り、その中に舌を入れ、「口の延長」を作るのも上級テクニック

●挿入してから、5～10秒は動かないでいてもらいましょう。そうすることで、膣がペニスにフィットするので女性は痛くなくなり、男性は快感が高まります

●セックスレスになりやすい人の特徴は、男女ともに集中力がないということ。男性の遅漏も集中力がないのが大きな原因のひとつだとか。お互い気を散らさないよう意識しましょう

●体位の構え方は、左右対称（シンメトリー）を意識し、膝と腰は鋭角に曲げるのが基本です。いわゆる「うんこ座り」のような、深くかがんだ時の腰と膝の角度を意識します

●女性は騎乗位をためらう人が多いけれど、いいセックスを目指すならチャレンジする姿勢を見せましょう。イヤがる女性の多い騎乗位では「腰を前後にグリグリする」とイキやすいとのこと。今まで避けていた人も、流行りのヘアカラーを試す気分でぜひ挑戦してみて下さいね

「どうしたら気持ちいい？」「教えて」（P.90）

上記の言葉は、相手に前向きさが伝わる理想的な返し方だそうです。他のシチュエーションでも使える汎用性の高い言葉ですね。

最後に……

恋愛カウンセラーのぐっどうぃる博士は「つき合っていること」の定義のひとつとして「体の関係がある」を挙げています。

確かにセックスは、男性から「告白」を引き出すまでお預けにし、晴れて交際が叶えば「与えるもの」といった「女性の武器」でもありました。しかし今、セックスは「与えるもの」ではなく「お互いが対等に楽しむもの」。二人の愛を深め、日々を充実させ、仕事への活力につながる「甘〜いエナジーツール」であるのが理想です。

ＳとかＭとか、攻め派とか受け派とか、人の趣味嗜好は様々です。「私はこう！」と頑なに決めつけず、いろいろなバリエーションを試してみるのもいいでしょう。試してみて合わなければ合わないでいいのです。そういう積極性や自己の「開発」を怠らない姿勢も、セックスレス防止には有効なのではないでしょうか。さらに、ダイエット効果も少なからずあるのではないかと。

彼とのおつき合いの日々を重ねても、いつまでも求め合える女性でありたいものです。

3-7

もっとキレイになって愛されたい——そんな心の声に従って生きる方法

渋谷ゆり『1日3分! 愛され美ボディメイク パーフェクトレッスン』宝島社、2021

彼から愛される容姿を手に入れたい・ボディメイクを始めてはみるものの、心が弱くて挫折してしまいがち・今の自分が嫌い、こんなんじゃ誰からも愛されないと思う……そんな方に特におすすめ。

婚活、恋活を始めようとする人が、真っ先に頭に浮かぶこと。それは「見た目をなんとかしよう」ではないでしょうか。しかし、顔は今やメイクと美容整形の技術が進み、お金と知識があれば比較的短時間で〝自分史上最高のキレイ〟にまで引き上げることが可能になりましたが、ボディラインのキレイを目指すことは、そう簡単ではありません。

男の人が女性に求める結婚の条件、それは４Ｋ「可愛い・家庭的・賢い・軽い——体重が」であると、フェミニストの心理学者、小倉千加子さんは『ザ・フェミニズム』(筑摩書房)

という対談本の中で言っています（ただし、この発言に対し、〝賢い〟は「自分の賢さを表に出さないほどの賢さ」だとフェミニストの社会学者、上野千鶴子さんは言い添えていますが）。

また、心理学者の越智啓太さんは『美人の正体　外見的魅力をめぐる心理学』（実務教育出版）で、男性は標準体重よりもやや、やせ型の女性（※ＢＭＩが15から20程度）が、身体的にもっとも美しく魅力的に見えるというデータを紹介しています。

女性同士の場……たとえば女子会などでも、より一層かわいくキレイでいたいものです。たとえ、それが無言のマウンティング合戦であっても。

……とはいえ、果てしないキレイへの道は「自分へのダメ出し作業」を伴うことが多く、そのため度を過ぎると心が病んでしまうことにもなりかねません。

病まずにコツコツと楽しく、愛されるボディを目指したい私たち。

自身もかつては摂食障害だったという〝令和の峰不二子〟渋谷ゆりさんの本から、今の自分を否定しないで、楽しみながらボディメイクするための考え方のコツを学びましょう。

（※ＢＭＩ（Body Mass Index）の計算式は、体重（kg）÷（身長×身長）で表される。健康的なＢＭＩは18・5以上、25未満。ウェブ上に計算サイト多数あり）

果てしなく〝愛され美ボディ〟を追求するゆりさんのこと

渋谷ゆりさんはあどけないフェイスにマシュマロボディの持ち主という、とても男性ウケする容姿の方で、しゃべり方もフワフワしていてかわいいのですが、中身は美容に対してとても貪欲かつアグレッシブな印象です。

本書のQ&Aでも、

「ゆりさんにとって、美とは？」→「自分らしく生きるサポートをしてくれるもの」
「お金の使い道は？」→「美容ケアや美容グッズを買う。美容は消費ではなく投資です」
「ワクワクすることは？」→「美容外科や美容皮膚科のメニューを見ている時♡　新メニューにときめきます！」

……と、こちらがちょっと引くくらい、ド直球《ストレート》に答えています。YouTubeでもそれは同じで、美ボディをド直球《ストレート》に強調した筋トレ動画の一部が、アダルトコンテンツとして削除される事態になってしまったほどです。

渋谷ゆりさんの〝トレーニング哲学〟とは？

1　体を動かすこと。それは体の外側を整えるだけではなく、トレーニングによって「自分を大切にしたい」という思いが生まれ、気持ちが前向きになる効果があります。

　また、トレーニングに集中すれば、日々の悩みや不安から解放され、無心で自分と向き合うことができるのです。

2　今の自分を受け入れること。それにプラス「もう少しくびれが欲しい」など、小さな目標をひとつずつクリアしていくことが楽しく続ける秘訣だそうです。また、目標に向かって頑張っている自分をほめてあげましょう。

私の友人の筋トレ大好きな整形外科医は、日々その日のトレーニング内容をメモ書きし、時々振り返ることをすすめています。「自分はこんなに頑張っているんだ」ということを意識するのが、トレーニング継続のコツだそうです。

3 誰かに愛されるためには、誰かに愛されるための行動をやめて自分が自分に愛されるための行動をすること。（P.24）

確かに、周りを見ても「この人は自分が大好きなんだろうな」と感じる人は、皆さんとっても魅力的です。

ただ、そのためには、脳内で「自分を好きになろう〜好きになろう〜」と念じるよりも、まずは行動！　たとえば、筋トレだったり、かわいいお洋服を着ることだったり、読書だったり、推し活だったり……「自分の大好き」を素直に、貪欲に追いかけましょう。

4 自分を否定して、自分以外の誰かになろうとするのではなく、自分を肯定し、大切にし、なりたい自分を目指しましょう。（P.24）

まずは自分がいちばんの自分ファンになる。自分推しになることが大切です。

今普通に流行っているもの、アニメやゲーム、パソコンは、昔はキモい人が好むものとされていました。筋トレだって、少し前までムキムキを気持ち悪がる人は大勢いたのです。もし今の自分がモテないのなら、それはまだブルーオーシャンで、貴女の魅力が一般化していないだけ。〝この自分の魅力を一般化、ポピュラー化するために〟どうしたらいいのか考え、行動すればいいのです。

〝ゆりさん流〟自分をもっと大好きになるために必要なこと

1 「好き」を集めてみる (P.30)

趣味でも、恋愛でも、本当に好きでないと継続するのは難しいですよね。だから「続けたいな」と思ったら、「続けたいもの」を自分の「好き」に寄せていきましょう。トレーニングならお気に入りのウェアを着る、ダンベルをオシャレなデザインのものにする、好みの味のプロテインを飲む……。

毎日を自分の好きなものだけで埋めていくようにするのです。そのための工夫を意識するだけで、どんどんなりたい自分に近づいていきます。

2 セクシーなランジェリーで生活してみる (P.38)

ゆりさんの持っているショーツは、すべてTバックだそうです。Tバックはセクシーなだけではなく、ヒップアップしていないとキレイに決まらないので、自然に美容へのやる気アップにつながるのだとか。私もさっそくマネしようと思い、Amazonでポチリました（Iris and Lilly［アイリスアンドリリー］のコットン素材のものが締め付けず、ふわふわした履き心地が心地良くておすすめです）。

以前、タレントだった飯島愛さんが「Tバックはお尻が乾燥する」と発言していたように記憶していたのですが（うろ覚え）、ゆりさんはフェイス用のシートパックをお顔に使ったあと、お尻にもぺたっと貼っているそうです。

また、セクシーなランジェリーを着ると「もっときれいに着こなしたい」と思うのだそう。男ウケのためだけではなく、美しくなるためのやる気スイッチとして前向きに活用しましょう。

3　コルセットで見た目を変えて食欲も抑える！（P.70）

コルセットやウエストニッパーは昔も今もやせ見えには有効ですが、それだけではなくお腹をぐっと引っ込めることによりインナーマッスルが鍛えられ、くびれ養成ギプスになるとのことです。

また、食欲も抑えられますし、自然とお肉がバストに寄せられるので、バストが大きく見えるという効果も絶大だったりします。女性をコルセットから解放したのはココ・シャネルですが、美容グッズとしてのコルセットは今も健在です。

4　あえてお腹が見える服や体のラインが出る服を着る（P.71）

「やせ見え」をうたった体型カバー服を着ても、まったくやせては見えず、むしろただの「もっさりとした服を着た人」になるだけです。

ゆりさんは「露出狂」を自称するほど、胸の谷間やお尻の割れ目が露わになったウェア姿でどこへでも出かけるようですが、そこまでいかなくても、ボディラインを意識したお洋服を着る勇気が……欲しいですね。私はまだ「つかず離れず」なラインが精一杯なので、頑張りまーす。

5 ウエストとヒップの比率は7：10に近づけるのが理想！(P.71)

前述の『美人の正体 外見的魅力をめぐる心理学』によると、男性が一番惹かれるウエストとヒップの比率は7：10とのことです。マリリン・モンローを始め、多くの女優さんがこの比率。美の目安として、常に意識しておきましょう。

6 ノースリーブの服は選び方次第で細見えが叶う！(P.86)

ノースリーブは二の腕が少々太目でも、とても魅力的に見えるのでおすすめです。ゆりさんは「脇のデザインがピタッとしているものではなく、ユルッとしたデザインを選ぶこと」とアドバイスしています。

ちなみに上野千鶴子さん、田房永子さんの『上野先生、フェミニズムについてゼロから教えてください！』(大和書房)には、上野さんのノースリーブ姿の写真がありますが、団塊世代でもサラッとノースリーブを着こなす上野さんに、ますますリスペクトを覚えた次第です。

7 日常生活に自転車を取り入れる（P.102）

ゆりさんによると、わざわざジョギングやウォーキングを頑張らなくても、日ごろから移動に自転車を使うことで有酸素運動ができてしまうそうです。私たちもどんどん自転車を漕いでハムストリングスや大臀筋《だいでんきん》を鍛えてしまいましょう。

地球とお財布に優しく、美容にも良い自転車。以前は日焼けが気になりましたが、今ではわざわざ〝さすべえ（自転車に傘を固定する器具）〟しなくても、ＵＶカットのオシャレなフェイスカバーがたくさん見つかるはずです。日差しをがっちりガードしつつ、憧れの脚線美を手に入れましょう。

ゆりさんがおすすめする具体的なトレーニングはこの本や、ゆりさんのYouTubeチャンネル「渋谷ゆり Shibuya Yuri」で学ぶことができます。

前述の整形外科医によると、初心者が自宅でトレーニングを始める時は、いきなり最初からオールアウト（ひとつのトレーニングを遂行不能になるまで続けること。筋トレでは鉄則と言われています）を目指すと、筋肉や筋を痛めてしまうそうです。まずは身体が慣れるまでの数か月は、〝ゆる筋トレ〟で続けるのがいいみたいですよ。

最後に……

この本の著者、渋谷ゆりさんは前述の通り、摂食障害に苦しんでいたことがありました。また次の章（4―6）で紹介している『ウツ婚!! 死にたい私が生き延びるための婚活』の石田月美さんも、過食からの引きこもりを繰り返していたようです。昔は摂食障害といえば拒食症が代表格でしたが、現在は過食症の人のほうが多くなっています。

キレイになりたいあまり、無理なダイエットを続けたあとに一気に食欲が爆発し、「こんなに食べるのは今日で最後」が結局何日も続き、抑うつ状態になり引きこもる……高木洲一郎さんの『摂食障害のすべて』（日本評論社）によると、これが過食症お決まりのパターンだそうで、読んでいて思わず「これって私もしてる！」と思ってしまいました。

今や、女の子なら誰でもお砂糖（過食症）とスパイス（拒食症）とでできていて、その境界線を行ったり来たりしているようにも思います。その心は「キレイになりたい」、すなわち「愛されたい」。

けれども、ゆりさんはトレーニングをすることで、頑張った自分をほめることができるようになり、ポジティブなマインドに変化していったのだそう。そして、摂食障害で苦しんでいたころの自分に〝ありのままでいいんだよ〟と声をかけたいと述べています。〝ありのまま〟とは本来の自分を出し、自分の本当にやりたいことに気がついて、行動するということ。

タレントの千秋さんは自著の『不思議ちゃん』（宝島社）で、心も体も壊さずに長年芸能界でやってこられたいちばんの理由は「自分をよく見せようとしなかったから」と書いています。偽りのない「自分のまま」でいられたから長く芸能活動を続けられたのであり、逆に素の自分から離れたキャラを作っていた人は精神的に負担がかかってしまうみたい、とも書いています。

私たちも渋谷ゆりさんや千秋さんのように、まずは自分の「素材」を好きになり、それに自分独自のキレイさやかわいさを付け足していくように、オシャレやボディメイクを楽しむこととしましょう。自分の身体は一生つき合う大切な容器《いれもの》。ぴかぴかに磨き上げることができるのは、唯一の持ち主である自分だけなのですから。

3-8

美貌と努力と知恵で思うがままの人生を楽しむ

ラトナ・サリ・デヴィ・スカルノ『選ばれる女におなりなさい デヴィ夫人の婚活論』講談社、2019

愛されてチヤホヤされる「女の幸せ」王道路線を歩みたい・祖母や母のような〝専業主婦〟になれるものなら私もなりたい・過酷な婚活を続けるモチベーションが欲しい……そんな方に特におすすめ。

大きな声では言えないけれど、高収入の男性に望まれて結婚し、愛され妻の人生を謳歌《おうか》したいと密かに夢見ている貴女——安心してください、それはとても真っ当な女性の願いです。

夫には厳しい社会で戦ってもらい、自分は天真爛漫に言いたいことを言ったり甘えてみたりしつつ、コギレイで女らしい仕事を片手間にしていれば承認欲求も満たされる。美味しい手料理と笑顔に、家族からは超絶感謝される……このような結婚スタイルは今や希少価値ではあるものの、女性の「愛され願望」を実現したうらやましい生き方です。

そして、そんな結婚を手に入れようと虎《こ》視《し》眈々《たんたん》と機会をうかがっている貴女にぴったりの本が、デヴィ夫人の婚活論です。

「選ばれる女」になって「尽くされ婚」を

著者であるデヴィ夫人は、選ばれる女になれば求められての結婚ができるし、イニシアティブ＝主導権はあなたが握ることになり、男性に尽くされると言います。

ずっと今まで男性から選ばれ放題、プロポーズされ放題で生きてきたというデヴィ夫人は、選ばれる女になるための奥義を、

> 男性は女性から優しくされたいの。それに幾つになっても甘えていたいものなのよ。だから優しく甘えさせてあげて、王様になった気分にさせてあげるのが一番でございます。（P.75）
>
> すぐに体を差し出すのではなく、あなたが提供するべきは、『時がたつのを忘れるほどの楽しい時間』。（P.84）

と述べています。

また、男性に対して意識しておくべき振る舞い方として、以下のようにアドバイス。

●楽しませて、ほめて、追いかけさせる
●「この人を守ってあげたい」と男性に思わせる
●「ああ、この人は俺がいないとダメなんだ」と思わせる

デヴィ夫人は、パリの社交界では〝デヴィは触れたら壊れてしまう〟と思われていたそうです(!!)。逆に言えば、男性は〝女の強さ〟を見た瞬間、他の弱い女性のところに行ってしまうので要注意なのです。

『どうしたら男性から選ばれるのか』
常にこの視点で男性に接するクセをつけるのがよろしいんじゃないかしら。
女性に生まれたからには、男性に選ばれないと。
永遠に選ばれ続ける人生の方が得だと思いませんか？(P.96)

男性の前では常に〝可愛げのある女〟でいること。(P.96)

わかっています！　確かに今の世の中、「自分らしく生きること」が価値のある生き方とされ、男性の目線を気にして振る舞ったり、装ったりするのはバカバカしいということに

なっています。しかし、男性から「愛されること」「選ばれること」で女性の自己肯定感が爆上がりするのも、また事実。男性のためのみならず自分のために、真剣に取り組む価値があるのです。

勇気を出して一歩踏み出した女性が幸せをつかむ

女性だからもちろん〝美〟は大切だと夫人は言います。そのため、この本に散りばめられた数々の夫人の写真はどれも圧倒的に美しい。

でも、デヴィ夫人はどんなに美人でも、おもしろくなかったらすぐに飽きられてしまうと言います。デヴィ夫人は、教養や知識を蓄えて自分を高める努力を怠りませんでした。

まずは、自分を高めること、素敵な男性と出会える場所に積極的に行くこと。
そして、自分にチャンスが巡ってきたら必ず掴むこと。(P.91)

さらにデヴィ夫人は、「出会いがない」「いい男がいない」と嘆くのではなく、女の人生は自分で開拓し自分で耕すものだと言います。

掴んだチャンスは努力と能力を注ぎ、成功させてみせる。
そして、その成功を維持し進化させるのです。

わたくしの人生は、まさにこの連続でした。（P.207）

スカルノ大統領との出会いという大きなチャンスを手中に収め、飛躍への足掛かりとした夫人の言葉には、ずしんと心を打たれます。

最後に……

今、ＳＮＳの世界ではフェミニズムが大流行。まだまだ女性が日本の家制度に縛られていたころから血を吐くような努力を続けてきた先人女性の歩みに、リスペクトの念を抱く現代女性が増えてきています。しかし、そう単純に収まらないのが現代の女性たち。確かに上野千鶴子さんは清々《すがすが》しいほどかっこいい。しかし一方では、デヴィ夫人のセレブ男性を手玉に取った美しさにも憧れるのです。

右手にデヴィ夫人、左手に上野千鶴子さん。その両方が欲しいのが、今の私たちだったりします（なんという欲張り！）。

実は、デヴィ夫人の他にもうひとり、スカルノ大統領に愛された日本人女性がいました。ただ、その女性は心を病み、自殺してしまったとか。

インドネシアは一夫多妻制で、スカルノには複数の妻、そしてたくさんの愛人たちがいました。そんな女の闘いを生き抜いたデヴィ夫人はインドネシアから、パリ、ニューヨーク、そして日本と拠点を変えながら、今も第一線で活躍を続けています。

私自身もデヴィ夫人の大ファンで、お部屋のいちばん目に付くところに「デヴィ夫人が贈る、言葉の真珠たち　日めくり名言カレンダー」（非売品）を設置。毎日励ましをいただいております。彼女にはいつまでもお元気で、「選ばれ、愛され女子」の目標でいて欲しいです。

Chapter 4

婚

私と彼とをつなぐ
透明な指輪が
欲しくなったら読む8冊

好人物は何よりも先に天上の神に似たものである。
第一に歓喜を語るに好い。
第二に不平を訴えるのに好い。
第三に——いてもいないでも好い。

——芥川龍之介『侏儒の言葉』より

4-1

夢の「溺《でき》愛《あい》婚」を現実にするコツ

神崎メリ『「恋愛地獄」、「婚活疲れ」とはもうサヨナラ！〝最後の恋〟を〝最高の結婚〟にする 魔法の「メスカ」』KADOKAWA、2019

本当に大好きな人と大恋愛して幸せになるという女の夢を叶えたい・結婚しなくても幸せになれる時代だけど、どうしても素敵な人と結婚したい・今の彼とこのまま続けていいのか悩み中……そんな方に特におすすめ。

結婚しなくても、楽しく気楽に生きられる時代になりました。しかし、ゼクシィの２０１７年のＣＭ「結婚しなくても幸せになれるこの時代に、私はあなたと結婚したいのです」が名コピーとして今でも語り継がれているように、結婚して幸せになるというのも、変わらない女性の夢です。

どうせわざわざ結婚するなら、妥協婚ではなく、お互いが大好きでいられる一生もののパートナーを私たちは望んでいます。貴女の理想通りのパートナーとの幸せな結婚を呼び込むために、ぜひ一読をおすすめしたいのがこの本です。

「メス力」とは——①フラチな男性をふるい落とす力、②男性の本音を理解する力、③男性に媚びない力、④「ど本命」として愛される力、⑤最高の結婚を叶える力——男心をしっかりと理解し、男性本来が持つ狩猟本能と庇護《ひご》欲を呼び覚まし、生涯を捧げて守りたいと思わせる力です。

ただし、忘れてはならないのはメス力とは、自分が愛されること、幸せになることだけに集中するのではなく、「同時に彼を幸せにする力」でもあるということ。

大好きな男を幸せにするマニアになるくらいの気持ちで「メス力」を高めてください！

（『大好きな人の「ど本命」になるLOVEルール』大和書房、P.38）

そんなメス力に必要な「振る舞い方」と「男性の見分け方」のコツを修得しましょう！

「メス力」を作るための〝振る舞い方〟

幸せな結婚を望むのなら、貴女が目指すのは「ど本命彼女」です。

一口に〝彼女〟といっても、三種類あるということをご存じでしょうか。実質セフレもどきの「とりあえずの彼女」、男性が「ま、結婚してやってもいっかぁ」くらいに考えているのが「本命彼女」。そして、男性がズッキューンと一目惚れしたり、男心が揺さぶられ「この人を大切にしないと一生後悔する」と思わせる女性が「ど本命彼女」になります。

> （前略）女性が恋愛で幸せを感じるには、つねに相手から優先順位の1位にしてもらえてる感覚があって、寂しい思いをしたり、不安になったりすることがまったくない「私の彼って優しくて超マメなの♡」という状態になることです。（『大好きな人の「ど本命」になるLOVEルール』大和書房、P.23）

これが著者による「ど本命」の定義です。そしてのんびりと「惚れてもらう出会い」を待つのではなく、男性の狩猟本能と庇護欲に訴え、ど本命になりやすい状態を作るメソッドが「メス力」になります。「メス力」を磨く具体的な振る舞い方を以下に紹介します。

■自分を「甘えん坊チャンネル」に切り替える

しっかりものの貴女も、パートナーの前では自分を「甘えん坊チャンネル」に切り替えましょう。

そのためには、「できない」、「知らない」、「ダメ」、「お願い」、「ありがとう」などを素直に言えるかわいらしさを大切にしましょう（ただし、できることをできないふり、知っていることを知らないふりをするなどの〝ぶりっこ〟はおすすめしません……）。

男性は人の役に立つことで、大きな満足感を得ます。そして、それを感じさせた相手を手放したくないと思うのです。

■彼にとっての「ご褒美女」になる

彼らはたくさんのストレスに晒されて生きています。「あ〜〜！　〇〇に会って笑顔見てセックスして癒されてえええええ!!」。彼女に会う前の彼はこんな気持ちなんじゃないでしょうか。(P.96)

男性は女性に尽くされている時よりも、貴女が自分の前で素直にニコニコ、楽しそう・うれしそうにしている姿を見て癒されるのです。デートの時は気の利く女を演じるよりも、素を出し、リラックスして居心地よさそうにしていましょう。

■男性の恋愛気分をぶち壊してしまう「ど本命クラッシャー」にはならない

彼の愛情に水を差し、ドン引かせて、最後には嫌われる女性のことを「ど本命クラッシャー」と言います。「ど本命クラッシャー」は以下のふたつに分類されます。

①自分がない女……嫌われたくないからとなんでも彼に合わせてしまう・お母さんのように世話を焼いてしまう・彼一筋をアピールし結婚を匂わせてしまう

②モンスター女……達者な弁舌で追い詰めてしまう・会話の矛盾点を突き、白黒はっきりするまで口撃し続けてしまう・彼を変えようと指図してしまう・過去のケンカを今のケ

ンカに当てはめて蒸し返してしまう

以上は、すべて男性の心を醒めさせる行為。特に「尽くすこと」はメス力では禁止です。今日から貴女も彼に尽くされる側に回りましょう。

すべてにおいて、男性は「与える側」、女性は「受け取る側」。これを念頭に入れておいてくださいね。男性に遠慮はいりません。私たちは受容性をぱぁっと咲かせて、ちょっぴりワガママで喜び上手で、愛されて生きればいいのです。（P.149）

■落としたい男性には「あざといスイッチ」を押しまくる

遠慮は不要、世間で「あざとい」と言われる手練手管を惜しみなく駆使しましょう。ただし、相手の様子を見ながら押すところは押す、引くところは引くなどの緩急《かんきゅう》をつけることが大切です。著者はいわゆる「合コンさしすせそ」（知らない方は検索してみて♡）を推奨していますが、相づちを打つときにも振る舞い方のポイントがあります。

①うるうるキラキラした子どもみたいな素直な瞳をイメージ
②相手の目を見る（スマホいじるな。キョロキョロするな）（『ど本命の彼から追われ、告られ、秒でプロポーズされる！　秘密の「メス力」LESSON』SBクリエイティブ、P.149）

あざとく振る舞うことに対して嫌悪感があるのも、著者はわかるそうです。なぜなら著者もそうだったから。でも、その嫌悪感の正体は「嫉妬」だったのです。


「でもさ、あんなあざとい女に引っかかるなんてバカな男だったんだよ」

そう皮肉を言って一生を終えたいですか？

貴女の心の中にある、好きな人ににゃんにゃん甘えたい欲求を無視して生きていくつもりですか？（『ど本命の彼から追われ、告られ、秒でプロポーズされる　秘密の「メス力」ＬＥＳＳＯＮ』ＳＢクリエイティブ、P.167）

男性を恋に落とすためなら、「女らしさ」「あざとさ」は必須科目だと著者は言います。

そのためには、

周りの女らしい子のふるまいを観察してとり入れる（無料の教材ですよ。感謝）（『ど本命の彼から追われ、告られ、秒でプロポーズされる！秘密の「メス力」ＬＥＳＳＯＮ』ＳＢクリエイティブ、P.169）

メス力女子が選ぶ男性は、こんな彼

女性が結婚後、ずっと幸せでいるためには見た目や年齢に関係なく、男性側が本気で惚れていることが一番重要なのです！（P.25）

本書より、メス力女子が選ぶ男性のチェックポイントをまとめてみました。

●スペックや年収よりも、見るべきところは「心底惚れられているかどうか」

●男性は「とりあえずの彼女」に対しては、とても冷酷（傷つくようなことを平気で言う・裏切る・浮気・他の女性と比べる・約束を破る……など）になれる

●「ど本命」とめぐり逢った男性はまず最初に「彼女を絶対誰にも渡したくない」と考える

●男性は「ど本命」に対してはマメになる
（既読スルー、ましてや音信不通なんて……ありえません！）

●男性のほうから別れを切り出してきた場合、復縁は無理
（面倒くさいことを男性は嫌います。別れたい時はたいてい相手から振るように仕向けるか、音信不通にします。だから男性がわざわざ別れを切り出してくるということは……お察し下さい。別の「ど本命」と出会った可能性が高いです。もし貴女が正真正銘の「ど本命」彼女なら、男性はどんな障害をも乗り越えようとします）

最後に……

恋愛本によくある「溺愛される」、「全方位モテ」、「ありのままで愛される」など、女性をうっとりとろかせる甘い言葉には要注意です。このテの危険ワードだけを黒く塗りつぶし

て「戦後の教科書」のようにしちゃってもいいくらい。

なぜなら、溺愛されよう、愛されようとして必死に頑張った結果、本当の自分に自信がなくなったり、ハンター的な男性ばかりを引き寄せてしまうことがよくあるからです。

バーバラ・デ・アンジェリス博士は、著書『本当に好きな人とめぐり逢う本』(ワニ文庫)で、恋愛の駆け引きについて「そんなふうにあなたを求めてきたからといって、彼はあなたを愛しているわけではありません。彼はただあなたに煽《あお》られて、あなたを欲しくなっただけなのです。それは本当の愛とは別のもの」と警告しています(ちなみにアンジェリス博士はジョン・グレイ博士の最初の妻です!!)。

このような甘い言葉に踊らされず、彼と自分との関係をより良くし、お互いが幸せになることを目標にして賢く読むのが正解です。著者の神崎メリさんも言うように、メス力は彼を幸せにする力でもあります。だから「これは溺愛じゃない」「割り勘が嫌」「彼が毎日LINEをしてくれない」などと、新たな不満を見つけて悩むのは本末転倒で、こういった行為には「ど本命ジャッジ」――彼の一挙手一投足を観察しまくり、「彼は私のこと『ど本命』扱いしてくれている?」と常に疑い続けること(『なぜかいつも「ド本命」に愛される女性の4つの習慣』永岡書店)――という名前もあるようです。

神崎メリさんはご自身のYouTubeチャンネルで、モテる男性を手に入れている女性は性的魅力よりも「人間的魅力」で彼を魅了していたと述べています。

「どうせ私なんて……」と、周囲の上手くいっている人たちを見てはいじけ、夜は枕を濡らす日々から抜け出しましょう。著者は「(私なんてと遠慮して生きていては)恋愛では幸せはつかめないので絶対にダメなんです！」「貴女は脇役なんかではありません!!　貴女は、貴女の人生の『ヒロイン』です！」（『大好きな人の「ド本命」になるLOVEルール』大和書房）と述べています。

キラキラしている周りの女性たちと自分を見比べて、勝手にヒロインの座から降りてしまっている〝脇役女〟からヒロインに生まれ変わるために必要なルールを最後に紹介します。

①自分がやってみたいことは、セミプロレベルまで突きつめよう！
②やってみたいことに、年齢や環境なんか言い訳にせず、チャレンジしてみよう！
③ヒロインにふさわしい自分史上最高のキレイを追求しよう！（『大好きな人の「ド本命」になるLOVEルール』大和書房、P.34）

漫画『聖《セイント》☆おにいさん』でルシファーは「真のヒーローは…　この人生を生きぬいたこれを見てるお前自身だろ」と言いました。貴女も人生のヒロインとして「熱狂的なファン（＝彼）から愛される」という、攻めの戦略をとりましょう。一見遠回りに見えますが、これが長期的に溺愛され、大好きな彼の「ど本命」になるいちばんの近道です。

4-2

得恋に必須！ 自己肯定感を高める方法 その1

Kana『恋愛自己肯定力LESSON「私なんて」フィルターを外す38のヒント』
KADOKAWA、2020

男性の前で本当の自分が出せずつらい・頑張って「いい彼女」を演じていたのに、彼が去ってしまった・周りと比べて「彼氏がいない」or「結婚できないでいる」自分が嫌すぎる……そんな方に特におすすめ。

モテるためのメソッドや恋愛が上手くいくための方法はたくさん語られています。たとえば「愛されたいなら、まず自分を愛しましょう」「特別な女性として振る舞いましょう」。……それらを丁寧にひも解いていきますと、すべてが「自己肯定感」につながっています。つまり、モテる振る舞いとされているのは、「自己肯定感が高い人の振る舞い」と読み換えることができるのです。

恋愛や婚活の場では、「今の私じゃダメ」「本当の自分を出しては嫌われる」「いい彼女を演じよう」と自己肯定感を低くしてしまうことがあります。

そのような恋愛は一時的には上手くいっても、長く続けていくのは難しいのです。

自分の気持ちを押し殺し続けた挙句、言い出せない不満が溜まり、イラついた態度が常態化して嫌われてしまう。

尽くしすぎて「重い女」になり、相手の恋愛感情を消してしまう。

そんな状況から抜け出すためには、こちらの本がおすすめです。

自己肯定感＝わたしは普通に愛される

いつも恋愛が上手くいかないのは、貴女の自己肯定感の低さに原因があるのかもしれません。また、何度も上手くいかない恋愛を繰り返していると、自己肯定感を高く保つのは至難の業になります。

自己肯定感とは「ありのままの自分でいい」という自然な感覚のこと。ここで言う「ありのまま」とは自分を取り繕《つくろ》ったり、違う自分を演じたり隠したりしない、素の自分のことを指します。自分の好きなところも、嫌いなところも「それが私」と受け入れている状態です。

パートナーと上手くいくための極意は、親密な関係を結ぶこと。そのためにはどうしても素の自分＝ありのままの自分を、相手に見せていく勇気が必要になります。

「いい彼女でいなきゃ」という思い込みを捨てる

いい彼女でいようと頑張るものの、その頑張りに見合った見返りが彼から返ってこないことに耐え切れず、関係を壊してしまうというケースがあります。

「いい彼女でいなければ愛されない」という思い込みを捨て、「私は愛される」というフィルターを身につけましょう。根拠のない自信を持つことは、恋愛でも有効です。

本書から、私は愛されて当然という自信を持つために必要なことを要約し、以下にまとめました。

1 自己開示をすること

実は、恋愛は性格がいいとか美人だとか、それほど関係がありません。それよりも自分を堂々と彼にさらす自信がある人のほうが、親密な関係を築きやすいと言えます。

(P.69)

自分の弱さやコンプレックスなども、あえて話してみましょう。自己肯定感が低い人ほど「いい彼女」を演じたり、自信がないのを隠したくて威張ってみたりします。結果、相手といい関係が築けないのです。

2 他人軸から自分軸にシフトすること

他人軸を基準にする人というのは、常に「人からどう思われるか」が行動のベースになります。そんな人は言いたいことを我慢して言えなかったり、「愛されていないかも」と過剰に不安になったりします。

逆に、自分軸を基準にする人は「自分がどう思うか」が最優先です。

「自分軸の人」に変わるためのレッスンを以下に紹介します。

①自分の感情を知る

> 他人軸の人の中には、「どんなときに自分はどのような感情になるのか」がわからない人が少なくありません。これは、常に人と比較し、人と違う感情を持つことが間違いだと思っているからです。（P.95）

自分の感情をノートに書きだしましょう。うれしい、楽しい、悲しい、腹が立つなどなど、その都度ノートに書き留めて、あとからそれを確認します。

感情を視覚化することで、自分の考えていることがわかります。感情に優劣をつけず、ありのまま受け止めるようにしましょう。

②好き、嫌いを判断する

著者は、好きでもないのにパンケーキのお店に行き、インスタのために写真を撮ったりしていたそうです。でもある日、本当はパンケーキではなく焼肉が食べたいのだと気がつきました。

> 具体的には、行動するたびに「これは私が本当にやりたいこと?」といちいち問いかけて考えること。最初は少し面倒ですが、すぐに慣れてきます。要は、自分の本音が求めることを、自分にやらせてあげることが大切なのです。(P.97)

「運命の人」を見つけるための絶対条件

著者は「引き寄せ」は起こると信じています。ただし、その引き寄せの極意はガッツリとやるべきことを行動するということ。

運命の人も同じで「もうこれ以上思いつかないというほど考え、行動し、諦めなかった人が引き寄せる」ものだと述べています。

そもそも運命の人ってどんな人? ……運命の人とは、以下に述べる「絶対条件」を満たした人です。

1 スキンシップが心地いい人 (P.126)

手をつなぎたいなって思える人。キスしてもいいなって思える人です。昔、「恋愛の教祖」と呼ばれていた漫画家の柴門ふみさんも「頬ずりができる人」をすすめていた記憶があります。

2 匂いが好きな人 (P.127)

スイスのベルン大学で行われた実験によると、女性は匂いで相性を判別する機能が備わっているということです。匂いが好きな人は、生物学的に見ても相性がいいのです。

3 自己肯定感が高まる人 (P.127)

一緒にいるだけで、自然と自己肯定感が上がり、自分のことが好きになれる人が「運命の人」です。自分のことが嫌いになるような、貴女に対して否定的なことを言ったり、支配的な態度をとるような人は「運命の人」ではありません。

4 沈黙でも違和感がない人 (P.128)

自然体で黙っていても、しっくりくる人。演歌の名曲「おまえに」（作詞・岩谷時子）は、
そばにいてくれるだけでいい　黙っていてもいいんだよ
と歌っています。沈黙を許し合える人が「運命の人」です。

5 自分を作らなくてもいい人 (P.128)

ありのままの自分、普段の自分を出せる人が「運命の人」です。どんなに小悪魔風を演じても、清楚な癒し系を装っても、ついつい〝素〟の自分が出てしまう相手がいます。むしろそれでいいのです。

6 ダメなところも愛しい人 (P.129)

好きな人のダメな部分は、恋愛初期には目をつぶって我慢できても、長くつき合っていくと湧き上がってくるイライラを抑えきれなくなります。最初からダメなところも「そこが好き」だと思える人が「運命の人」です。お互い様でもあります。

7 自分のコンプレックスを「可愛い」と言ってくれる人 (P.129)

下田美咲さんは『新型ぶりっ子のススメ 彼に恋させる、計算ずくの恋愛戦略』で「コンプレックス感というのは、最大のかわいげ」と言い、Fさんも『いつか別れる。でもそれは今日ではない』で「劣等感は可愛い」と述べています。このことは、たとえばスタンダールに「その人のことを知らなければ不気味に見える傷痕も、一度好きになってしまえばむしろ愛おしくなる」（水野敬也『運命の恋をかなえるスタンダール』より）と言わしめるほど、鉄板なのです。

> 恋愛は「好きになった人をどう落とすか」ではなく「自分と相性が合う人を探し、親密な関係を築いていくこと」です。そして、自分に合うお相手は、多くの人に出会い関わっていかないと見えてはきません。(P.121)

自分に自信がなくても大丈夫。自分のダメなところを自分で知っていて受け入れていることが大切なのです。「運命の人」に出会うとは、そんな貴女を愛おしいと感じてくれる人と出会うということです。

最後に……

人は他人からほめられたり、認められたりすると自分に自信が持てるもの。特に好きな人のそばにいたり、声を聞いたりすると、幸せホルモンと言われる〝セロトニン〟が分泌される、心が満たされるそうです。

ですが、意外なことに一見自分に自信のありそうなハイスペほど、自己肯定感を損ないやすいと言います。

医師の高田明和さんの『ＨＳＰとうつ　自己肯定感を取り戻す方法』(廣済堂出版)によると、「そうした人たちは『人と比較する傾向』が強い」。

ハイスペはこれまで激しい〝競争〟を勝ち抜いてきたからこそ、ハイスペなのです。その〝競争〟とは「他人より優れる」ということ。そのため、常に他人と比較するのがクセになっているため、とても苦しいのです。

いい学校を出ている、一流企業の社員、実家がお金持ちなどの「○○だから自信がある」という「条件つきの自信」は上を見てもキリがないので、それだけでは本当の心の安定は得られません。

もし貴女の好きな人がそういう男性なら、貴女が彼の自己肯定感を上手に高めることで、唯一無二の存在になれるでしょう。

彼にゆっくりと好きなことをさせてあげる、彼が本来持っている優れた部分を教えてあげる（前歯がかわいいとか、些細なことでいいのです）、彼のネガティブな感情（嫉妬や怒り、悲しみなど）を受け止め否定しない、彼の欠点も大切な持ち味と認めるなど……貴女がして欲しい愛し方を、彼にもするのです。

ありのままの彼を愛しましょう。

4-3

真面目であざとさの欠片《かけら》もない貴女が結婚するには？

中里桃子『マーケティング恋愛4.0 1ヵ月でプロポーズさせた、私の戦略と軌跡』大和出版、2019

あざとい駆け引きなどは苦手な、真面目な優等生タイプである・子どもを産むために少しでも早く結婚をしたい・何よりも仕事が大事だけれど、普通に結婚をして幸せになるという女の幸せも叶えたい……そんな方に特におすすめ。

仕事や勉強は努力次第でなんとでもなる世の中です。ですが、恋愛となると話は別。恋愛は努力でごり押ししても上手くはいかないもの、と言われています。

でも、実際は地道な努力で恋愛も結婚も上手くいくもので、貴女がその方法を知らないだけなのです。キーワードは「マーケティング」。

今まで、出会いからほぼ一年クールでダメになる婚活を5年間続けてきたという著者は、35歳になり今までの方針を大転換。出会って1か月で婚約、3か月で結婚を実現しました。

それは、著者の中里桃子さんが得意とするジャンル「マーケティング」を婚活に活かし、戦略を練ったからなのです。

「たった一人でもいいからしっかり私をわかってくれる人と出会いたい!!」
それは、私の心の叫びでした。そのため、自分からアプローチするというのもやめました。面倒くさいプロフィールを読んで、（厳しい一面を書く求人広告のように）みずから応募してくれる男性とだけ会うと決めたのです。（P.55）

理想の夫を一本釣りするためのプロフィール作り

婚活サイトなどでの一般的な女性のプロフィールは、やわらかく軽めの文章で、一緒にいたら楽しそうと思わせるような内容です。それに対し、著者は逆張りの3スクロール超長文を打ち出すことにしました。

- 職務経歴書のように、箇条書きと【　】を使って見やすく整った文面
- 仕事の内容も詳細に紹介
- 好きな本やポリシーを打ち出す内容
- 仕事の話もできる知性（P.57）

ただ、男性がこの面倒くさい長文を読み込んで連絡をするための、モチベーションと

なるものが必要だと考えました。（P.60）

この長文プロフィールを男性によりアピールするためには、見た目、プロフィール写真がとても大事だと、著者は求人広告を作っていた時の経験から知っていました。

まず、実際会った時のギャップを生まないために、ダイエットと美容皮膚科通いに着手。いくら気配りや居心地の良さをプロフィールでアピールしたところで、「ネット婚活はまず見た目が10割……と言っても過言ではない」からです。

そういうわけで、Pairs（恋活・婚活アプリ）に掲載した写真の数は合計8枚。

①可愛い写真（必須。プロに撮ってもらったもの）、②仕事中のキリっとした写真、③スポーツ中の写真（アクティブさの印象付けに）、④料理教室での写真（エプロン装着であざとく）、⑤自分の部屋のこだわりを感じさせる写真（著者は壁一面の本棚）、⑥かわいい動物の写真、⑦好きなスポットの写真（神社・仏閣など）、⑧盛れる自撮りアプリの写真（男性にウケそうな奇跡の一枚）

著者は気合が入りすぎているなんて、微塵も思わなかったそうです。人生をかけたプロジェクトなわけですから、むしろめちゃくちゃ気合が入っていて当たり前だと認識していたのです。

加えて、「Googleスプレッドシート」で男性のプロフィールや進捗状況を管理。

著者は13年の営業経験で「記憶に頼ること」は「一番やってはいけないこと」というのを学びました。

上司に「あの会社どうなった?」と言われたときに、記録しておらずに怒られたことは数え切れません。担当者との会話の内容を覚えていないと、印象を悪くします。そのうえ、記憶はその時のテンションで濃淡が生まれますし、思い出すときの感情で随時改ざんされてしまいます。
いわんや、恋愛は一種の精神的酩酊状態。記憶だけに頼るのは、大企業へのプレゼンに手ぶらで臨むようなもの。それでは、敗戦が目に見えています。(P.81)

その主な項目は次の通りです。

やりとりをスタートした日/女性からのいいねの数/自分の中でお相手のランキング/名前/年齢/出身地/兄弟構成/年収/仕事/初回デートの場所/話した時間/会話の内容/自分の感想/2回目のデートの日時・場所・会話の内容/3回目のデートの日時・場所・会話の内容(P.82)

著者はこれらを業務日誌のつもりで、寝る前に必ず記録していました。

ちなみに、私がおすすめするのは「夜蝶Diary」というアプリです。本来は夜のお仕事をされている女性のための顧客管理アプリですが、顧客の詳細な記録とカレンダーを紐づけて管理ができるので、デートの記録が一目でわかりますし、LINEとも連動させることができます。とても便利なので恋活・婚活に利用してしまいましょう。

鬼嫁が夫に愛される意外な理由

著者はある質問を大好きだった男性にして、モテる女性に変わることができました。その質問とは「なぜ男性はわがままな女性が好きなのか」。

> 私は、「どうせ男は可愛い女の子に振り回されるのが好きなんでしょう?」と思っていたのですが、違いました。
> 私から見てもわがままだと思う鬼嫁(失礼)の夫にも聞いてみたのですが、みんな一様に鬼嫁が大好き。その驚愕の理由が、「わかりやすくて楽だから」だそうなのです。モテる女性は、どうしたら喜ぶのかをわかりやすく教えてくれる(正解がわかる)から付き合いやすいということ。(P.161)

著者は、それを聞いても、わがままにはかなり抵抗があったそうです。しかし、わがままはコミュニケーションロスを防ぐための根回しにすぎないと思い直し、さりげなく、無邪気に、独り言のように話すことで苦手を克服しました。

「私、オードリー・ヘプバーンの伝記映画、観たいんだ」
「今さらだけど、今度来るサンリオ展がとても楽しみ」

自分の希望をシェアすることで、男性に推測させる手間をかけさせないようにする、自分のヒントを会話にちりばめる……そういったことを心がけ、著者は次回のデートに誘ってもらえるようになったのだそうです。

その他おすすめなのは「料理が好きで、自炊をしている」「仕事が好きで続けたいと思っているよ」「こういう人と結婚したいな（「こういう」の中身に彼の特徴を織り込み、「それって自分だ」と思わせる）」などのちょっとあざとい感じのアピールが、彼の心にはダイレクトに届いて、わかりやすいようです。

最後に……

自分が思うようなターゲット（求めるパートナー）に出会えていないのなら、「周りにいい男がいないから」「太っているから」などと嘆くのではなく、自分の状況分析をし「商品開発」をし直したり、新たな市場を開拓するなどの努力が必要です。それができないのなら、今置かれている現状に、貴女は本当は満足しているのかもしれません。

また、たくさんの男性からモテたいのか、それともたったひとりの望む男性と結婚したいのかで、戦略は変わってきます。

江藤あおいさん、永島もえさんの『婚活マーケティング』（ディスカヴァー・トゥエンティワン）では、たったひとりを見つける婚活に成功するためには、市場にたくさんいる独身女性と比べ、見かけや年齢などの基準で自分の競争力を測り、自分を加点・減点するなどの「もてるためのマーケティング」から離れる必要があると述べています。

重要なのは「ターゲット（狙う相手）を設定し、そのターゲットの求めるもの（＝ターゲット・ニーズ）を捉え、それに合ったブランドで攻める」こと。自分がどんな男性といると本当は幸せなのか、その男性が求める理想の女性像（ターゲット・ニーズ）はどうなのかを研究し、自分をブランディングしていきましょう。

なるべくタイトにタイトにターゲットを絞り込んだほうが、マーケティング的には良いのです。中里さんもあえて厳しい内容のプロフィールを婚活市場に投げかけましたが、絞り込んだおかげで、ストレスの少ない婚活ができました。

『婚活マーケティング』では英国のカミラ王妃について、チャールズ皇太子（当時）が最も必要とするニーズを捉え必要不可欠な人であり続けていたため、絆《きずな》は壊れることはなかったと評しています。そうなってしまえば、どんなに若くてきれいな女性が彼のそばにいても恐れることはありません。

〝運命の出会い〟を実現するには、自分と相手のニーズ分析がすべてなのです。

4-4

お母さんから距離をとると結婚できる

大安ケイコ『お母さんから自由になれば、結婚できる。』ディスカヴァー・トゥエンティワン、2015

お母さんがいつも彼氏のダメ出しをしてきてつらい・両親の仲が悪くて私は幸せな結婚ができないのではと不安・男性に対していつも不満を感じ、心の中であら探しをしてしまうのはお母さんの価値観に捉われているせい?……そんな方に特におすすめ。

恋愛や婚活で悩んでいる人の特徴のひとつに、家族——特にお母さんとの問題を抱えている——というものがあります。

お母さんの過干渉、もしくはネグレクトにより、異性への接し方がゆがんでしまい、なかなか幸せな恋愛・結婚ができなくなってしまうというのです。

もし、貴女がお母さんの言動に悩んでいたり、モヤモヤするものを抱えているのなら、お母さんから思い切って距離を置くことを考えてみましょう。そのための勇気を与えてくれるのが、この本です。

こんなお母さんへの思い、ありませんか？

どんなに素敵な「いいお母さん」でも、貴女に様々なプレッシャーをかけ、目に見えないロープで縛りつけていることはよくあります。

貴女とお母さんの陥りがちな「関係性」を、この本では以下の4つのタイプに分けて紹介しています。

お母さんを〝リスペクト〟タイプ (P.6)

このタイプは、お母さんから長年植えつけられた理想の男性像に縛られ、「お母さんが喜ぶような彼じゃないと結婚できない」という思いでがんじがらめになっています。

お母さんと〝大親友〟タイプ (P.6)

「お母さんを残して私だけ結婚できない」という思いに捉われてしまうのはこのタイプ。お母さんも「いつまでも家にいていいのよ」などと言ったりしています。

お母さん〝恐怖症〟タイプ (P.7)

あまりにも厳しいお母さんに厳しくしつけられた結果、結婚に対してネガティブな思いを抱えるようになったり、弱みを見せたくなくて男性をバカにした態度をとってしまったりするタイプです。

お母さんが〝独裁者〟タイプ（P.7）

お母さんに抑圧されて育ってしまったため、自分の価値観や人生観がすべてお母さんの意向に沿ったものになり、「自分らしさ」を押し込めて生きているタイプです。

〝脱お母さん〟に向けてやるべきこと

今こそ、親と自分は違う人間なのだと認識し、親の価値観を第一に考える毎日から、飛び出しませんか？（P.17）

〝脱お母さん〟のために必要なこと。それは、どんなにお母さんと仲が悪くても、ダメ出しを受け続けていたとしても、大失恋を繰り返していたとしても、「結婚できる」という事実をまず知ることです。

そのためには、お母さんから植え付けられた男性像が貴女の男性観にどのような影響を与えているかを検証してみて下さい。たとえば、お父さんに対する悪口やダメ出しが貴女の結婚の邪魔になっていませんか？　自分もお母さんと同じように男性にダメ出しをしてしまい、心の中やＳＮＳなどで悪口を言うようになると、より男性の好みが厳しく極端になるのです。

結婚したいなら、まずお母さんからの制限をすべて解除し、まっさらの自分を取り戻す旅に出かけましょう。

今日があなたにとって一番若い日です。

本気で結婚を考えているなら、お母さんからの言葉に惑わされず、男性に多大な期待を持ちすぎず、「今日から一年以内に決める！」という意気込みを持ちましょう。（P.125）

お母さんからの洗脳を解き、これから生まれ変わり、幸せになるためにやることは以下のようなことです。

1 自分でも気がつきにくい〝ネガティブな癖〟を直す

いつの間にか「でも」を連発していたり、批判しているつもりがただのマイナス意見の羅列だったり……。周りの人が目を逸らしたり眉間に皺《しわ》を寄せたりしていたら、貴女の話がつまらない証拠です。暗い話題ばかりをうれしそうに話している、周りを疲れさせる自虐ワードの連発など、心当たりはありませんか？

2 自分から先に笑いかける

意識して、自分から笑いかけることを課しましょう。貴女の笑顔は絶対に素敵です。「いつも笑顔といえば○○ちゃん」と周囲に言わしめるほど徹底したら上出来。それは結婚してからも続けましょう。というのも、お母さんの影響で笑顔に自信がなく、笑顔が下手な人が多いのです。

3 自分を否定してくる人から逃げる

貴女へのダメ出し、たとえば、新しくしたお洋服や口紅の色などにいちいちケチをつけたりする勢力からは距離を置くこと。

4 あまのじゃくは禁止

お母さんが強い存在だった場合、人に素直に頼ることが苦手な人が多いのです。また、ありがとうと素直に言えない人も多いようです。

男性は、自分が頑張ったことに対し素直に喜んでくれて、自分をたよってくれて、たくさん笑う女性にプロポーズするということを、覚えておいてください。(P.167)

5 自分から相手に「橋」をかける

自分の心が満たされないと、「愛が足りない足りない」と相手にそれを求めてしまいます。でも、愛は自分から与えましょう。また、周りの人たちに自分から心を開き、優しさを振りまく習慣もつけましょう。職場の上司・同僚はもちろん、コンビニの店員さん、レストランのスタッフさんなどにもです。誰にでもフレンドリーになれる人は素敵で洗練された印象を与え、大切に扱われます。

6 彼の年収や職業、外見などの条件にこだわりすぎない

お母さんが子どものころから娘に言っていることを耳にし続けた結果、お母さんの「思い込み」をコピーしている場合があります。すると、恋愛においても、相手の年収や職業、外見などの条件にこだわりすぎてしまうのです。それよりも、ともに成長し、互いに分かち合い共感できることが大切です。

自分の親といるよりリラックスできる男性こそが、「真のパートナー」です。(P.184)

7 初対面の男性にダメ出しをしない

初デートにどんな人がやってきても、最高の笑顔で接し、誠実な対応をしましょう。結婚の神様は超えられない試練を与えません。大切な学びの機会を授かったのです。お母さんのようにすぐにダメ出しをしないで、おおらかな気持ちを持ちましょう。

ましてや、ブログやＳＮＳにお見合い相手の悪口なんて書いている人は、一生結婚できません。自分を省みられない人は結婚の神様は味方してくれないのです。(P.208)

8 親には内緒で婚活する

親には何も告げずに、そっと婚活しましょう。そのほうが動きやすいし、自分の意識が優先されるので上手くいきやすいのです。両親には事後報告でも大丈夫ですよ。

最後に……

女性は大なり小なり、お母さんの影響を必ず受けています。何かのインタビューで読みましたが、工藤静香さんはお母さんをとても尊敬しているのだそう。お母さんはいつもお父さんを大事にして立てていると語っていたのが印象に残っています。すべての女性が、お母さんからこのようないい影響を受けていればいいのですが、なかなかそうはいきません。

お母さんから距離を置くのが難しい時の方法として、心理カウンセラーの信田さよ子さんは以下の三つを提案しています。

① 顔を合わす時間を減らす……物理的に会う時間をとにかく減らしましょう

② あいさつをする……あいさつは他人同士でするものです。「ありがとう」「ただいま」「こんにちは」など、しつこいくらいあいさつを伝えましょう

③ 丁寧語を使う……「わかりました」「よろしいでしょうか」「お願いします」などの言葉を、お母さんが嫌がっても繰り返しましょう

心理的な距離は言葉から始まるそうです。まずは言葉の力を使って、お母さんとの間に心理的な距離を作りましょう。

作家の角田光代さんは、精神科医の斎藤環さんとの対談で「母親と結婚前の話とかをできるだけするといいと思います」（斎藤環ほか『母と娘はなぜこじれるのか』ＮＨＫ出版）と提案しています。確かに私も母から、父との恋愛中の衝撃的なエピソードを聞き「パパもママも、普通の男女だったんだ！」と一気に世界観が変わりました。おすすめです。

4−5

得恋に必須！ 自己肯定感を高める方法 その2

トイアンナ、金沢悦子、川崎貴子『やっぱり結婚しなきゃ！と思ったら読む本 35歳からのナチュ婚のすすめ』河出書房新社、2021

今どんな女性が結婚しやすいのか〝本当のところ〟を知りたい・自分好みの男性を上手に射止める方法が知りたい・男性に対し、おとなしくて従順な〝ザ・昭和の女〟を演じてしまう癖が抜けない……そんな方に特におすすめ。

婚活の専門家は多数いますが、女性本位の立ち位置で百戦錬磨な参謀を招聘《しょうへい》するとなれば——婚活に役立つ最新データを基にしての分析、望む相手に自分を売り込むための戦略、そして厳しい戦いを乗り切るために必要な心の整え方etc.——貴女を幸せに導く3人の魔女たちが書いたこの本を紹介させていただきます。

シェイクスピアの『マクベス』に登場する3人の魔女たちは唱えました——「きれいは汚い、汚いはきれい」と。

マクベスの魔女たちが言うように、価値観は場面によっていとも簡単に反転します。恋愛や結婚の場面では一般的に良しとされる価値観、たとえば――正直さ、謙虚さ、一途さ――といったような気質は、必ずしも有効ではありません。

世間に流布する雑多な情報に流され、揺り動かされることなく、しっかりと〝自分らしい〟結婚を導くために、現代の魔女たちの知恵と戦略を学びましょう。

婚活を自分優位に乗り切るコツ（基礎編）

リクルートブライダル総研が２０１３年に調査した結果から、著者のひとりトイアンナさんは「柔軟さ、話しかけやすさ、好奇心の強さ」の３点が恋愛では「モテる」要素になっていると分析しました。

確かに、気になる相手にこだわりなく柔軟に合わせられ、気さくな雰囲気を持っていて、どこにでも臆することなく飛び込んでいける積極性がある、そんな人が好かれやすいのはわかります。

「そうなんだ、でも私は全然違う……」

それもわかります。ですが、そう思った貴女でも自己肯定感を高めようと意識することで、この三要素を強化することができるのです。

「また、自己肯定感？・」と感じるかもしれません。確かにこの本で私は他に『恋愛自己肯定力レッスン』も取り上げています。しかし、しつこいほど強調してしまうのは、やはり自己肯定感の高さが、女性の幸せに直結していると実感しているからなのです。

自己肯定感が高いと、こうなります。

1　いい出会いのチャンスが多い

自己肯定感が高いと誰とでもつき合いやすいので、自然とそうなります。

2　素敵な男性を射止めやすい

社会的・経済的に優れ、見た目が素敵で「この人と結婚したら幸せになれそう」と思える、多くの女性が好むレッド・オーシャンな男性が選ぶのは、「一緒にいたら幸せでいられそうな女性」。すなわち自己肯定感が高い女性なのです。

3　相手の情報を得やすい

自己肯定感が高い女性は自己開示と傾聴が得意なので、言葉のキャッチボールがしやすく、意中の相手のプロファイリングがしやすいのです。

4　立ち直りが早い

婚活中は、がっかりしたりプライドが傷つき落ち込むこと多数。ですが、自己肯定感が高い女性は「世の中には（自分も含めて）いろいろな人がいる」とわかっているので、いつまでも引きずりません。

5 迷走しない

自己肯定感が高いと、自分も相手も完璧ではないと知っているので、冷静に判断できますが、自己肯定感が低いと、相手の欠点などが目につき、心の中で「彼に繰り出すダメ出し多すぎ現象」に陥ります。

6 成就の確率が上がる

自己肯定感の低い女性は「なぜあなたは『愛してくれない人』を好きになるのか現象（by二村ヒトシ）」に陥るため、つらい恋にはまりやすく、なかなかうまくいきません。自己肯定感が高ければ、自分を愛してくれる人を当然のこととして受け入れることができるので、成就しやすいのです。

……やはり、いいことずくめですね。実際私の周りを見ると、どんなに条件が悪くても自己肯定感の高い人は婚活に成功し、素敵なお相手と幸せになっています。いくら高くても高すぎることのないのが、自己肯定感なのです。

自己肯定感を簡単に高められるワーク

自己肯定感を高めるための、簡単なワークを本書より紹介します。

1 口癖を変える

「どうせ私なんか」「無理ですぅ……」「もう年だし……」などのマイナス言葉から、「やってみる～」「おもしろそう」「まだまだイケてるし」などのプラス言葉に変換しましょう。心底思ってないとしても、口に出したらあら不思議、前向きな気分になれます。

2 情報と人間関係の見直し

ネガティブなニュースを深掘りしたり、ＳＮＳの炎上を追いかけたりしていると、だんだん陰湿な空気を身にまとうようになるのでシャットアウトが吉（経験済）。

また、マウンティングしてくる友達や毒親などの「困った人たち」からは、きっぱり離れることも大切です。

3 内耳のコントロール

外耳《そとみみ》（外から聞こえた言葉）を内耳《うちみみ》（心の中で反芻《はんすう》する言葉）でネガティブに変換しない。（P.129）

たとえば「化粧が濃いね」と言われたら、「私のこと嫌いなんだ」「陰で笑われてるかも」と思わず、言われた事実だけを受け止めるようにします。

4 変えられるものに着目する

今さらどうにもならない現象や人、過去には捉われないようにしましょう。「相手は変えられない　ならば自分が変わればいい」（by ラス・ハリス）のです。

5 一日の振り返りをポジティブ変換

「今日も疲れ果てたよ〜」→「全力投球して燃焼した私えらいっ」

「飲み会の予定なくなった〜」→「家帰って読みかけのマンガ読めるっ」

……などなど、愚痴っぽくなりそうなところを、強引にポジティブ変換してみましょう。

6 べき論を廃止

心に「これは○○するべきでしょ」とか、「絶対○○なべき」といったワードが浮かんできたら、「今はダイバーシティ（多様性）の時代」「みんなちがってみんないい（by 金子みすゞ）」などの、あらかじめ用意しておいたキーワードでさっさと打ち消します。自分のものさしを周囲に押し付けないよう、意識しましょう。

7 ほめられてお礼を言う

この本では、「まずは他人にわかりやすいほめポイント（髪型やzoomの壁紙を変えるなど）を作り出す」→ ほめられる → 謙遜や自虐をせず「わー、気づいてくれてうれしい！

ありがとうございます」というメソッドをすすめています。

ちなみに私は、さらに自分から「ねえねえ、この服かわいいでしょ」など、ネタを振ったりもしています。

8 小さな目標クリア

「人に親切にしよう」「いつも笑顔でいよう」などのふわっとした目標ではなく、日々の目標を数値化して、その都度確認します。たとえば「10人にキャンディを配ろう」「5人に自分から声を掛けよう」など。

9 自分の強みを確認

「どんな激辛料理でも平気」「直感的に東西南北の方位がわかる」「魚の三枚おろしはお手のもの」といった細かいことから仕事のスキルまで、自分の強みを確認し、手帳などに書いておきます。

10 自分を一日3ほめ

「今日も超美人だねっ」「今日も体にいいものばかり食べた！　偉い！」「なんだかんだいい仕事した！」など、毎日意識して一日3回「自分ぼめ」をしましょう。

婚活を自分優位に乗り切るコツ（プロフィール編）

次は婚活においての最重要ポイント、プロフィール作りです。自分をアピールするフリをして、欲しいタイプの相手をゲットするための〝仕込み〟をするのです。

そこで役立つのが、本書で紹介しているP&G社が開発したWHO-WHAT-HOWモデルです。マーケティングの神様と言われるコトラーのモデルを簡略化したもののようですが、これが婚活に都合がいいのです。

■WHO　誰に

商品（自分）を誰に売り込むか決めます。「コア・ターゲット」と「サブ・ターゲット」を設定します。

（前略）コア・ターゲットとは「これが本命、心からの本命」という相手のこと。サブ・ターゲットとは「気になる相手」くらいの、より広い候補です。(p.164)

たとえば、コア・ターゲットが「一流企業勤務の意識高い系サラリーマン」なら、サブ・ターゲットは「ジム通いをしていて、読書好きな人」にするとか。これは、意識高い系の男性はたいていジムに通っていて、本をよく読んでいる印象があるからです。コア・ターゲットに加えて、サブ・ターゲットを設定することで、選択の幅を広げます。

■WHAT　何を伝えるか

自分と結婚した時の「メリット」を伝えます。

ＷＨＯで設定した男性が、「この人は自分に向いてる」「今すぐ結婚したい」と感じるように書いてみます。

〈プロフィール作成例〉

プロフィールを見ていただいて、ありがとうございます。都内の企業で受付をしている○○です。仕事も趣味も両立しながら結婚したい男性と一緒に過ごしたい、と思って登録しました。

私は休みの日に友達と遊んだり、ヨガに通ったりしています。希望するデートはアウトドアで、旅行に行くのも大好きです。

好きな男性のタイプは、仕事も遊びも楽しんでいるような方。今気になっていることの話を聞かせてもらえるとうれしいです。

■HOW　どうやって売るか

ターゲットにした男性がどこにいるかを考えます。今なら、基本はマッチングアプリで探すのが王道でしょう。アウトドア派ならジムや、趣味のサークル、パーティなど。インドア派ならSNSなどにもいそうですね。富裕層を狙うならワインの会、投資の勉強会、腕時計や車の会などに参加するのもありでしょう（初期投資がかかりますが）。自身にニッチな趣味があれば、そちら方面の同好会などに、ぜひ参加してみましょう。

「婚活市場」、「女の市場価値」といったような言葉に、「私は売り物じゃない！」という気持ちがムクムクと持ち上がってくることも多々あるかもしれませんが、最適な相手に自分を売り込むのが婚活なわけですから、この際使えるものならなんでも使ってしまいましょう。

最後に……

『婚活マーケティング』（江藤あおい＋永島もえ［アボカド・アッシュ］著、ディスカヴァー・トゥエンティワン）によると、「運命という言葉を信じるのならば、あなたのいま置かれている状況はすべて運命によるものです」。

その上で「周りや自分をよく分析し、その場所で自分を生かす方法がないか考え」「どうしても自分にそぐわないと思ったら、状況を変えるための努力をするのです」とあります。

また、商品に関しては「値段が手ごろだから」「機能的だから」という機能的・経済的価値が優先なブランドよりも、「使っていると気分がいい」「理由はわからないけど、好き」といった感情的価値を感じさせるブランドのほうが圧倒的に強いのだそうです。

つまり、これを婚活に置き換えると「料理が上手だから」「安定した仕事に就いて、経済観念がしっかりしている」といった機能的な魅力よりも「一緒にいると楽しい」「彼女といると気分が上がる」といった感情的な価値を感じさせたほうが、取り換えの効かない唯一無二の存在になると言えるのです。

今まで、私たちは男性にモテるとされるキャラ――「かわいい、きれい、感情的、論理が苦手、起伏が激しい、依存的、弱い」(信田さよ子『母からの解放 娘たちの声は届くか』ホーム社より)――といった、たとえばハリウッド映画のヒロインのような女性を自分の中に取り入れようと必死に頑張ってきました。ですが、今本当に魅力的なのは〝素〟の自分のままでいられる、自己肯定感の高い女性です。

本書の著者たちも終始、以下のメッセージを伝えています。

かつてはシンデレラのように、素敵な王子様が自分を探し出してくれるはず、そんな奇跡を夢見ていたことでしょう。

しかし、あなたがなるべきは魔女。スティックを一振りすれば、美しいドレスでなく「自信」や「勇気」を、かぼちゃの馬車でなく「幸せになれる思考パターン」を、結婚してもしなくても、今すぐ自分で自分を幸せにできる魔女です。(P.226)

4-6

〝病んでいる〟貴女には計略的パラサイト婚がオススメ

石田月美『ウツ婚!! 死にたい私が生き延びるための婚活』晶文社、2020

いわゆる〝ビョーキ〟のメンヘラちゃん or その予備軍である・将来を考えたら生活保護か専業主婦になるしかないなと思っている・恋愛で心が病んでしまったが結婚はしたい……そんな方に特におすすめ。

「結婚は弱者の生活保障になっている」。今から20数年前にそう言ったのはフェミニズムの大家、上野千鶴子先生です。その後、彼女は２０１９年度の東大の入学式祝辞で、「フェミニズムは弱者が弱者のままで尊重されることを求める思想です」と述べました。

となると……弱者の生活保障としての婚活、弱者が弱者のままでいられるための婚活もまた、アリなのではないでしょうか。

この本の著者の石田月美さんはそれを〝ウツ婚〟と名づけました。

パラサイトと言われても、「ちゃぶ台につく白アリ」と言われても、食べていけないのなら脛《すね》をかじるし、養われ目的結婚もする。残念ながら相変わらず偏見の目に晒されている生活保護受給者になるよりも……（世間体がいいから）。

また、結婚の大きなメリットは配偶者からのメンタルサポートと言われています。著者の「ウツ婚セミナー」の生徒さんの中にはそのメンタルサポートのおかげなのか、結婚してから就労した人も多いそうです。

ウツ婚……それはコロナ禍を経て、ますます生きづらくなっている私たちへの、勇気ある提案です。

婚活という戦争に勝つための、まずは準備

1 目指すはポジティブな「暗いブス」

意外かもしれませんが、著者によれば暗くて無口っぽくて、おとなしい子はモテます！何を考えているのかわからないミステリアスを感じさせるし、引っ込み思案は相手の庇護したい感を掻き立てる重要なモテ要素だからです。著者はさらに加えて、そんなタイプの人に「臆病さを持ちつつも人と繋がる勇気を」求めています。

2 オーガニックにハマるなかれ

病んでいる人は完璧主義になりやすく、健康オタクやオーガニック、マクロビなどにハ

マりやすい傾向があるそうです（私ももれなく通ってきました……しかも最近までヴィーガンでした）。

> 安心してください。私もしっかりハマりましたが、ばっちり病んだままです。マクロビ食しか食べずYOGAをした帰り、日光浴しながらウッドチップの上を散歩途中に「なんで玄米食べてるのにツラいの!?」と泣き崩れたこともあります。（P.165）

このテの食事に凝っていると「良いものを食べている私」としての自己肯定感は上がりますが、他人がジャンクフードをおいしそうに食べているとイラついてダメ出ししたくなったり、やがて甘いものやコッテリしたものへの禁断症状に苦しんだりします。どうしてもしたかったら、デートの時だけは〝チートデイ（ダイエット中に設ける好きなものを自由に食べる日）〟にして様々な食文化を楽しみましょう。結婚後はぜひ、その知識を夫婦の健康管理に役立てて下さいね。

3 引きこもっても四日目には動け

引きこもった翌日はもっと引きこもりたくなります。そんなふうに気分が重くて動けない時はあるので、じっとしていましょう。

ただ、引きこもっても四日目には無理やりにでも身体を起こし、「引きこもっています」と誰かに言いに行く、相談に行くのが鉄則だそうです。筋力が落ちるギリギリの段階が三日目。著者もこの「四日目の法則」を頑張って守るようにしているとのことです。

4 回復は「足」から

まずは足を使ってどこかへ出かけることから始めましょう。自助グループでは「回復は足→耳→目→口」と言われているようですが、人に会うのが苦痛なら無理に会おうとしなくてもいいと著者は述べています。

ひとりでも周りを気にせずにいれる無料の行き場なら、図書館、公民館、公園などが良いでしょう。有料ならブックカフェ（別に本を読まなくてもいい。静寂を楽しめる）や単館系のミニシアターなどに出かけるのが、個人的にはおすすめです。

5 女子とつながろう

婚活を始める前に、まず女の子と出会っておくのが成功の秘訣です。女子は何かと様々な面で貴女を支援してくれます。

ただし「トモダチ」になる必要はありません。メンタルヨワ子な私たちは、男性よりも女子とのおつき合いが苦手なので、疲れてしまうからです。「知り合い」程度でも大丈夫ですが、個人情報の交換は慎重に。著者は知り合って一か月後にメールアドレス、半年で電話番号を教え、一年でようやくLINE交換と決めているそうです。

6 前向きに「ズル休み」しよう

少し動いたら早めに休む。身体に不調がなくとも先取りして休む。特に生理前、生理予定日の2、3日前から休みましょう。そのときを知るためにアプリで記録したり、かかりつけの産婦人科を持ちましょう。（P.173）

本格的に心身を壊して迷惑をかける前に、倒れる前のまだ元気なうちに先取りして休んでしまいましょう。

ズルい、あざといなど世間様の声はゴミ箱へ〜生き延びるための婚活

1 服はモノトーン。好きな色は靴とバッグとストールで楽しむ

ウツ婚では白のトップスに黒のスカートと、婚活の時の服装を決めています。確かに、これなら誰でも一着は持っているし、アレコレ頭を悩ませずに済みますね。

好みの色は靴とバッグ、そしてストールで楽しんで下さい。ストールは身体を温める以外にも、安心毛布がわりに抱《かか》えて気持ちを落ち着かせることもできるので、ぜひ持参したいアイテムです。

また、ブラジャーはキツいと気分が悪くなりやすいので、締め付けないものにしましょう。最近は延長ホックもいろいろ売っています。

2 頓服薬も忘れずに

前項で紹介した『運命の恋をかなえるスタンダール』でも、広場恐怖症の主人公はいつも抗不安薬に助けられていました。ここではデートを継続させるためではなく無事帰宅するのが目的なので、気分が悪くなったら服薬してさっくりお開きにしましょう。

デートはこちらからお開きにしたほうが駆け引き的にも有効なので（前項で紹介したエレン・ファイン、シェリー・シュナイダーの『ザ・ルールズ　理想の男性と結婚するための35の法則』から日本での最新版『ルールズベスト』まで一貫して提案し続けている鉄板ルールです）、気に病むことはありません。あとでお詫びと次のデートのお誘いを連絡しましょう。

3 「運命の彼」は精神科・自助グループの外にいる

著者によると、どうしても「仲間内」でカップルが作られやすいとのことですが、そうなるとお互いがお互いを支え切れず共倒れになるリスクを伴います。

患者である場所と同時に、患者ではない場所も併せ持つことを著者はすすめています。

4 いろいろなものをインプットする

他愛もない世間話ができるように、日ごろからつまらなくてもいいので野に咲く花から町内のイベントまでいろいろなことに注目してみましょう。アウトプットする相手が欲しくてたまらなくなるほど様々なものをインプットし、あえて「くだらない会話」ができるようにしておきましょう。

感想を言いたくて堪らなくなるほど、色んな物に触れてみてください。もちろん良さそうな人がいないかキョロキョロすることも忘れずに。（P.200）

5 デートは待ち合わせの30分前に到着する

デートでは少し遅れるという駆け引きもありますが、素で遅れてしまうのがウツ婚メンバー。しかも、遅刻したことにいちいち罪悪感を持ち、「ごめんね」をくどくど連発し「お詫びにおごるね」なんて言ってしまいがちです。

呼吸を整え、周囲に慣れるには30分でも足りないはず。デートまでの道行のお供には、ぜひ耳栓かノイズキャンセリング機能のあるイヤホンを。「驚くほど楽」だという著者の、推しグッズです。

6 基本は「養われる」ことを前提に「収入」で選ぶ

目指すは生き延びるための婚活、セーフティーネットとしての結婚です。ただし高収入でも専業主婦を望まない男性もいるご時世なので要注意です。

知人の社会学者によると、同僚の学者の中には性別役割分業には反対の立場を取りつつ、自分の結婚相手には専業主婦を望むという驚愕の人物もいたとのことなので、どんな相手でも恐れずにかわいく確認してみましょう。

7 第一印象で決めない、つまらない相手こそ本命候補

つまり私たちが第一印象でコレだ！と思う男にロクなのはいません。（P.221）

お付き合いに時間をかけて相手の良い所を見つけるということでもありません。それは副次的なもので私たちには時間がないのです。うすボンヤリとした相手とも積極的にデートを重ね、安全な男か確認したのち、相手もボンヤリとしている間にサクッと籍を入れてしまいましょう。（P.221）

8 相手に惚れるな、惚れさせろ

これはぐっどうぃる博士の提案する婚活メソッドのひとつですが、ウツ婚でも同様です。

生理的に無理でなければ大丈夫です。ですが、相手はあなたに惚れて惚れて仕方ない人にしておきましょう。こっちは病んでいるのがデフォルトなのですから、それでもそばに居続けてくれる相手にしましょう。（P.239）

9 カミングアウトはプロポーズの時に（ただし大まかに！）

> 例えば「結婚してください！」ときたら「すごく嬉しい！　ありがとう！　ねぇ、お互いのこれからのために、ちょっと私の話聞いてくれる？」などと言って、自分が彼に打ち明けておきたいことを話すのです。
> このとき大切なのは「大まかに話す」ことです。自分の生育歴を長々と語ってはいけません。（P.250）

ちなみに著者はというと、「何も言わずにしれっと」結婚したそうです。

愛し合う二人に隠しごとはない的な白樺派っぽい価値観を隠し持っていた私は、それを読んで驚愕しましたが、このような狡猾《こうかつ》さ強《したた》かさこそ今の婚活事情には必要なのだと思い直しました。

今どき、新しい彼氏に過去の男性遍歴をバカ正直に語る女性はあまりいませんが、それさえも生ぬるいと感じさせられました。

著者は最後の章に「頭の中で『自己肯定感』や『ありのままの私』とやらを考え続けるよりも、服を、行く場所を、話す内容を変えてみてください」と書いています。

どうしても、こと恋愛・結婚となると、頭の中であれやこれやと思考磨きをしてしまいがちですが、それよりもリアルにわかりやすいかたちで行動を変えてみましょう。

怖がらないで下さい。意外と大丈夫です。

最後に……

私はストレスが溜まるとお菓子をムチャ食いしてみたり、引きこもることも大好きですが、ビョーキではありません。ですが、この本を読んで「ビョーキじゃない人にも、この本をすすめたい！」と思いました。

自立とは他の助けなしに、自分の力だけで物ごとを行うという意味ですが、障がい者にとっての自立とは「周りの人の手を借りて自分の望む生活や人生を実現すること」です。でも、別に障がい者であってもなくても、望む生活や人生を実現するために人に頼ったり依存したりすることは悪いことではありません。

オレオレ詐欺集団を取材した『老人喰い』（ちくま新書）などの著作で有名な鈴木大介さんは、『「脳コワさん」支援ガイド』（医学書院）の中で「『頼ることで楽になる』という蜜の味を当事者に知ってほしい」と述べてます。ここでいう当事者とは「脳に問題を抱えたひと」のことですが、恋愛当事者、婚活当事者でも、同じだと私は思います。

また、臨床心理学者の東畑開人さんは「そう、教祖様とか、ホストクラブとか、アイドルとか（中略）、これらはすべてケアされることで心をケアする仕事なのだ。心を使って、心に触れて、心に良きものをもたらす仕事では、ケアしてもらうことでケアをしているという不思議なことが起こる」と述べています。

愛され上手は甘え上手などと言いますが、上手に支援してもらう、甘える、頼りにすることは自分がケアされるだけではなく、相手をケアすることにもなるのです。

だから、ついつい「彼に申し訳ないから……」と自分の欲求を言わずに遠慮してしまう真面目な貴女も、安心してオネダリして下さい。ジョン・グレイ博士の妻のように、夜中に牛乳が欲しくなったら彼に買いに行ってもらって下さい。貴女をケアすることによって彼もケアされることになり、結果、愛はますます深まるということをジョン・グレイ博士は私たちに証明したのです。

4-7

結婚したいなら、あざとさを磨くより損得勘定を磨こう

藤沢数希『損する結婚　儲かる離婚』新潮社、2017

損をしない男性選びの決め手を知りたい・婚活業者があえて言わない本当のことを知りたい・結婚から離婚までの流れを〝一応〟頭に入れておきたい……そんな方に特におすすめ。

バブル経済が終わるころまでは、誰もが当たり前のように口にしていた言葉があります。それは「男は経済力だよねっ」。

今、そのような言葉をおおっぴらに耳にすることは少なくなりました。恋愛に関しても男性は女性に奢《おご》るべしという習慣は薄れつつあり、平等になったといえます。

ですが、結婚は「お金がなくても、なんとかなるっしょ♡」でなんとかなるものではありません。経済的に不幸な結婚を選びたくないなら、この本を参考にして下さい。

どんな男性が〝お買い得〟なのか？

著者によると、結婚（そして潜在的に将来の離婚）という法的契約は、ひとつの金融商品だと考えて分析すると、本質が理解できると言います。

> キャッシュフロー（筆者注：お金の流れ）の安定性を考えると、大企業の正社員、公務員、会計士、弁護士、医師などの安定した職業の男は、とてもお買い得だといえる。（P.114）

……ま、そうですよね。〝お買い得〟の安定した職業の男性なら、将来にわたって安定したキャッシュフローが見込めて、万一離婚になったとしても婚姻費用や養育費の取りはぐれも起こらないのです。

また、女性は自分よりも所得の高い男性と結婚したいものですが、それについても著者は「極めて正しい」と太鼓判を押します。

ただ、結婚適齢期の男女の可処分所得（収入のうち、税金や社会保険料などを除いた所得）の水準が逆転してしまうところまできた今、女性は自分より所得が高い男性を見つけるのがどんどん困難になっています。

結婚というのは、婚姻届けに判を押した瞬間から、所得の多い方が所得の低い方へ、

お互いの使える金額が同じくらいになるように、金銭を支払い続ける義務が発生する契約である。（P.125）

女性は自分より所得の低い貧乏な男性と結婚するメリットはまったくないというのです。

そして年収が１５００万円以上の場合、25～29歳の男性の74％が結婚しており、30～34歳の場合は90％がすでに結婚して売約済み。しかし年収５００万円より下になっていくと、男性の婚姻率は一気に下がっていきます。

つまり、金持ちの男性はすぐに売れていき、そうした金持ちの男性と結婚できなかった女性が未婚を選んでいるのです。少子化になるのは当たり前なのでした。

しかし、世間体を気にして〝愛〟をあきらめるな

結婚を金融商品にたとえるなら、女性は金持ちと結婚し子どもを作るという非常に恵まれた選択と、誰とも結婚せずに生涯子どもを生まない、という選択のふたつしかないというわけです。

しかし、著者はその中間の選択肢を増やすべきと主張します。たとえば、中所得者同士の結婚で籍を入れずに子どもを作り同棲するといった欧米先進国では一般的な家族形態、あるいは有力者の愛人といった立場などを……。

> 金の心配や社会規範を守るために、たまたま愛した男が既婚者であったり、なかなか結婚してくれない素敵な男性をあきらめ、その辺の結婚してくれる平凡な男と妥協するのである。むしろ、結婚という形にこだわるほうが、よほど愛がないと言えないだろうか。（P.140）

著者は「犬が吠えても、キャラバンは進む」というアラブのことわざを挙げて、以下のように述べます。

> さまざまな批判があっても、世の中の大きな流れは変わらない。周りの雑音に惑わされず、自分が人生でやるべきことをやらなければいけない、という意味である。
> これからさまざまな軋轢があっても、日本でも事実婚などの多様な家族の形が増えていくだろう。世間体など気にせず、自分たちがいいと思うことをやればいいのだ。
> （P.204）

最後に……

資本主義経済の世の中、自由に楽しく好きなことをして暮らすには、お金が必要です。
だから、金持ち男性に女性がアタックするのは間違いではありません。

ただ、彼らは「お金目当て」の女性にはとても敏感です。彼らが好むのは自分と同じハイスペックな女性か、なんらかの困難を抱えていて手を差し伸べたくなるような女性の二択。また、そもそも「稼げる男」を見極める嗅覚も大事ですし、その道は容易ではありません。

ですが、彼らは必ずこの世に存在し、愛する女性との出会いを世界のどこかで待っています。「彼らと出会うこと」と「彼らをモノにすること」のたったふたつを実現すればいいだけなのです。シンプル思考でいきましょう。

4-8

「意識高い系」の私たちが結婚できない残酷な理由

ジェーン・スー『私たちがプロポーズされないのには、101の理由があってだな』ポプラ社、2013

モテないわけじゃないのに、なぜか結婚には至らない〝本当の理由〟を知りたい・高望みしているつもりはないけど、〝私レベルの男〟にはなかなか出会えない・あざとい女性をバカにしてみたものの、そんな女性をこっそりマネしようとする自分がいる……そんな方に特におすすめ。

なぜ貴女は、なかなか結婚にまで到達しないのでしょうか。「見た目、存在感が薄い」「煮え切らない彼とダラダラ続いている」「理想が高い」「いい出会いがない」などなど——ありがちな言い訳を並べてはみたけれど、本当の理由は別にあるのかもしれません。だって、同じような悩みを抱えていたあの人もこの人も、いつのまにか結婚しているのですから。

自分が未だ結婚できない理由をしっかり知りたい！　そしてできることならこんな状況をなんとかしたい！　そんな勇気のある貴女には「未婚のプロ」、ジェーン・スーさんのこちらの本がおすすめです。

男性心理の〝ななめ下〟を行く女たち

本書には「男性が本当に考えていること」と、「女性の思惑」との〝ズレ〟が見事に描かれています。

たとえば、以下のような「残念！ポイント」が存在します。

彼になにげなく「今の生活レベルは落とせないわ！」などと、「おいおい、何様？」なことをサクッと言ってしまう人がいます……だけど男性が結婚相手にしたいのは「四畳半の部屋でもふたりなら幸せ♡」と言うような女性なんですよね、残念！

男性の女性を喜ばせたい願望はとても強烈です……だけど女性はその「女を喜ばせたい」という男の気持ちの中に「俺のほうが上」という微弱電波を感じてしまい、「女だからってナメないでよ」「私わかってますから」ということを言葉や態度に匂わしてしまいがち。彼の女を喜ばせたい気持ちにケチをつけてしまうのです、残念！

彼とテレビを見ていて目に入った芸能人などを罵倒していませんか？　特に女優やモデルなどを……それ、男には「うがちすぎたものの見方をする、口うるさい女。誰のことも、こうやって見るんだな」と映ります。彼の中では性格の悪さだけがどんどんフィーチャーされていくことでしょう、残念！

『アルマゲドン』を観て泣いている彼を、バカにした。(P.170)

……『アルマゲドン』のような、「男が自己犠牲の精神で人類と地球を守る物語」は男のナルシシズム、ロマンチシズム、ヒーロー願望をくすぐります。これをバカにすることとって、実は「女に車道側を歩かせない、重い荷物を率先して持つ」などの、乙女心を満足させる要素（アルマゲドン的メンタリティから派生した行為）を全否定することと同じなのでした。

ヒーロー願望をバカにするなら、男にヒーローたることを求めるのは筋違いでした。(P.171)

自分の〝ゲスさ〟に気づいていない女性心理

とかく女性は男に対して「私とだったら考えを変えてくれるかも」と期待してしまいます……ですが、そもそも貴女は彼の中で「今までの人生で考えていたことを一新させる特別な存在」なのでしょうか。それは思い上がりです！

肉好きな男性に「野菜、食べてますか？」などと言ったり、栄養バランスのいい（とされる）料理を作ってあげたりしている女性には、本書の次のフレーズを贈りたいと思います。

> そもそも、野菜を食べない男、煙草を吸う男、酒を浴びるように飲む男と、好き好んで付き合っているのは自分です。ならば、男の嗜好を尊重するのが先なのです。（P.99）

男性がジロリアンだったり、すた丼・牛丼マニアだったりしても目くじら立てずに、彼の〝地に足の着いた金銭感覚〟を称賛しましょう。有名なインフルエンサーを信奉しオンラインサロンにハマるなど、〝養分〟、〝信者〟になっている男性も多いようですが、彼が〝投げ銭〟や〝スパチャ〟をしているのを知っても小ばかにしたり、批判したりせず生暖かく見守りましょう。

また「家事も育児も平等に分担できる人じゃないと」という割に、マッチョな男（俺についてこいと言いそうなタイプ）にフラッと惹かれてしまう……といったように、いざ婚活を始めると、女性は日ごろの言動と矛盾する方向に走ってしまうようです。

著者は「でも自分の中に、実は好きな男に甘えたい、頼りにしたいと言う願望があるのなら、それを素直に出していったほうが、望んだ態度はスムーズに出てくることが多いよ」と素敵なアドバイスをしています。

『サレンダード・ワイフ　賢い女は男を立てる』（三笠書房）を書いたローラ・ドイルさんも、「男性と親密になるには、あなたがどれだけ弱点をさらけだせるかにかかっている」と述べています。芯の強いところやしっかりしたところだけではなく、かわいげのあるところや本当は弱いところをチラ見せしてしまいましょう。

「つらいときに私の話を聞いてくれない男は嫌！」と「愚痴をこぼす男は嫌！」を平気でいっぺんに言う女がいます。(P.148)

これは「女だけが得をするシステムを作り出そうとする、顕著な例」。確かに、こういう不公平で矛盾したようなことを女性は思いつきがちです。ただし男性も「仕事ができて自己主張できる、自立した女性が好き」と言いつつ、「家庭的で従順な女性に癒されたい」などと考えたりしているので、実はお互いさまであったりするのですけどね。

最後に……

いつもデートがつまらないとしたら、それは貴女がつまらない女性だからなのかもしれません。いえ、たぶんそう……。「婚活疲れ」は相手に伝わります。

なかなか「この人！」という男性に出会えない、密かに傷つくこともある、一生懸命笑顔作ってデートを重ねても、先の見えない不安で疲れ果て、メイクを落とすのも忘れてベッドに倒れこむ……そんな日もあるでしょう。そしてあわててコンタクトレンズを目からむしり取る、そんな日もあるでしょう。

それでも、本書で学んだ、自分を省みる「謙虚さ」と「羞《しゅう》恥《ち》心」は、二個セットで意識しつつ、前に進みましょう。継続は力になるし魅力にもなる。楽しめる人が成功者になれるというものです、婚活でもなんでも。

Chapter 5

愛

これが愛だと感じたら、
それが愛。
愛について考えるための8冊

完全なる愛は『無我』のまたの名なり

――泉鏡花『愛と婚姻』より

5－1

長続きする恋のために必要ないくつかのこと

エーリッヒ・フロム『愛するということ』紀伊國屋書店、1991（新訳版）

いつも恋愛が2、3か月で終わってしまい長続きしない・恋と愛の違いが知りたい・愛するスキルを身につけたい……そんな方に特におすすめ。

三代目 J SOUL BROTHERSに「恋と愛」という曲があります。突然彼の脳内に「この恋は決して愛になれないまま終わる」というひらめきが下りてきてしまい、彼女に泣く泣く別れを告げるという悲しい曲です。PVではボーカル二人の背後で白いウェディングドレスがメラメラと燃え続けていて、切なさを増幅させています。どうして、彼女は彼に愛を感じさせることができなかったのでしょうか。彼の心の中でウェディングドレスを焼かれてしまいたくない……そう思うのなら、この本が役に立つかもしれません。

フロム先生の講義その1　現代社会での「愛」の定義とは？

著者のエーリッヒ・フロムは、現代社会では、人々にとって、誰かを愛するということよりも「どうしたら愛されるか」「どうしたら愛される人間になるか」ということが重要であると述べています。現代社会において「愛される」ということは人気があるということ、そしてセックスアピールがあるということを併せたものであると言うのです。

また、「魅力的」という言葉は、「人間の市場」で人気があり、みんなが欲しがるような性質を詰め合わせたものを意味しているのだとも言います。

> だから私は「お買い得品」を探す。相手は、社会的価値という観点からみて魅力的でなければならないし、同時にその相手が、私の長所や可能性を、表にあらわれた部分も隠された部分もひっくるめて見極めたうえで、私を欲しがってくれなければならない。このようにふたりの人間は、自分の交換価値の上限を考慮したうえで、市場で手に入る最良の商品を見つけたと思ったときに、恋に落ちる。(P.13)

言ってみれば、フロムは１９５６年（本書の出版年）に、現在の婚活市場を言い表したようなことを書いているのです。そして、このような状態を愛と呼んではいません、とも述べています。

フロム先生の講義その2　愛とは？ 愛することとは？

フロムは愛を「これほど大きな希望と期待とともにはじまりながら、決まって失敗に終わる活動や事業など、愛の他には見当たらない」と述べています。

愛において、成功するためにはどうしたらいいのでしょうか。

> そのための第一歩は、生きることが技術であるのと同じく、愛は技術であると知ることである。どうすれば人を愛せるようになるかを学びたければ、他の技術、たとえば音楽、絵画、大工工事、医学、工学などの技術を学ぶときと同じ道をたどらなくてはならない。（P.15）

その方法はふたつあり、「理論に精通すること」と「修練に励むこと」だと言います。

ちなみに、フロムが定義する愛の理論とは、次のようなものです。

- 愛は能動的な活動であり、その中に「落ちる」ものではなく「自ら踏み込む」ものである
- 愛は与えるものであり、もらうものではない
- 愛するというのは激しい感情ではなく、それは決意であり、決断であり、約束である
- 愛するには勇気が必要。ある価値をそれがいちばん大事だと判断し、その価値にすべて

を賭ける勇気が必要

人を愛するということは、なんの保証もないのに行動を起こすことであり、こちらが愛せばきっと相手の心にも愛が生まれるだろうという希望に全身を委ねることである。（P.190）

そして、愛を習得するためには、理論に精通することと修練に励むことに加え、もうひとつ必要な「第三の要素」があるとフロムはいいます。それは「愛の技術を習得することが自分にとっての究極の関心事でなければならない」ということです。

愛をなおざりにしてはいけません。

フロムは二度目の妻を亡くしています。それは鬱《うつ》病による自殺とも言われています。この本はそれから数年後に書かれた、悔恨の書でもあるのです。

最後に……

「この彼なら落とせそう」「幸せにしてくれそう」「彼は私のこと、大好きだから」といった計算や読みも恋愛では大切です。

でも、いちばん大事なのは彼のことを自分が愛せるかどうか。愛には修練や努力が必要なので、努力しがいのある大好きな相手でないと愛し続けるのは難しいのです。

5-2

男と女の違いを知って理想の恋を成就させる

ジョン・グレイ『ベスト・パートナーになるために「分かち愛」の心理学』三笠書房、1993

男性心理を知りたい・彼が話を聞いてくれない・男性の〝だんまり〟がつらい……そんな方に特におすすめ。

元財務省官僚・弁護士の山口真由さん著『ハーバードで喝采された日本の「強み」』（扶桑社）によると、アメリカ、特に東海岸では「男だから」「女だから」というステレオタイプに基づいて差を設けるのはやってはいけないことなのだそう。男性と女性をあたかも同じものであるかのように扱い、性差は無視してしまうというのです。

では、男と女は同じものなのでしょうか？

……いやいや、同じであるなら、恋人関係や夫婦問題で誰も苦労しないですよね。そんな男女の違いを本書で学びましょう。

やはり男と女は違うのです

彼には、相手の話をただ単に親身になって聞いてあげ、一緒になって悩んだり考えたりしながら情緒的な側面からの支えになってあげようなどという発想はまったく湧いてこない。無理もない。それが男であるということなのだから。(P.48)

女性の価値観は、男性たちのそれとはまた違う。彼女たちは、愛、コミュニケーション、美しさ、人間関係をことのほか大切にするのだ。(P.49)

女性は（とりわけ特定の男性から）愛され、大切に扱われたいと願っている一方、男性は信頼されているという実感を求めます。そして、最愛の女性からの批判や無神経なアドバイスは嫌悪します。

また、男性はいかなる点においてもエキスパートであり、たとえば、機械類の修理や目的地へ到着するなどの問題解決に関してはプライドを賭けて挑むのです。

だから……

「ほらほら、あそこに駐車できる場所があるじゃないの。早く車をUターンさせてよ」

「無理しなくていいわ、ちゃんと水道屋さんを呼びましょうよ。そうすれば、完璧に直してもらえるわ」（P.67）

といった女性の言葉にはカチンときて、不機嫌になってしまうのです。

逆に自分のやったことが女性を喜ばせ、感謝されていることがわかると、女性からの頼みに対して全力を尽くし応じようとします。さらには、自発的に手伝いを申し出てくるようにもなるのです。

男が放っておいて欲しい時とは？

男性はストレスがたまると自分の心の穴の中に引きこもり、問題を解決することに全神経を集中させる。（P.73）

このような時、男性は自分の殻《から》の中にこもり、ストレス退治に心を奪われてしまうので、他人に対してはよそよそしい態度をとります。

だから、男性が穴にとじこもっている時、女性は彼をそっとしておいてあげましょう。

男性が女性のさりげない愛情や思いやりを感じ取れば、彼はより早い時期に穴の中から脱出するでしょう。

けっして彼女に愛想をつかしたわけではない。時が来れば彼は必ず帰ってくる。大切なことは、穴の中まで彼の後を追わないことである。もし、そんなことをしたら穴を守っている竜に焼き殺されてしまうだろう。(P.109)

愛する女性が幸せそうで、心配事など何もないように見える時、男性は穴の中から簡単に脱け出してくることができます。そして、女性が自分といるだけで幸福であることを確信できれば、力が与えられてやる気が湧いてくる、そう本書は説きます。

(前略)女性が自分の心を開き、素直な気持ちになって丁寧に感情を伝えていけばいくほど、男性もまた、心を開き、彼の傷と痛みを打ち明けてくれるのである。(P.165)

恋愛本やネットの恋愛コラムを読んでいるとよく見かける「男性は問題解決型、女性は共感型」。有名な概念ですが、もともとはこの本から派生したものです。ただ、ひとつ言えるとしたら、男性も女性もパートナーにいきなりドヤ顔で問題解決アプローチをされても、あまりうれしくないということ。頭をナデナデされながら「大変だったね、わかるよ」と言われたほうが１００倍うれしいのは、男女共通なのではないでしょうか。

また、お互いが気楽に「穴に引きこもる」ことを許し合う余裕を持つことも大切です。相手のすべてを把握しようとしない、自分も謎の部分を残しておく。それが長く愛し愛される秘訣です。

最後に……

著者ジョン・グレイの妻であるボニーさんの「仕事の愚痴を聴いてもらい、アドバイスされると怒りだす」「変な時間に牛乳を買いにやらせる」「いつものように映画に誘うと、突然キレる」などのエピソードは、最初は読んでいてひとつも共感できませんでした（笑）。それはもちろん女友達はリケジョかＨＳＰかオタクで、それ以外の友達はほとんどが男性ばかりだという私の、理詰めでものを考えるＡＤＨＤ気質に拠るところも大きいのですが。

でも、今回この本の執筆のために改めて蝶々さんの『小悪魔な女になる方法』を再読し、ボニーさんの魅力がよくわかりました。彼女こそ、かわいい小悪魔な女だったのです。そしてボニーさんのおかげで、ジョン・グレイはこの世界的な名著を著すことができたというわけです。やはり、悪妻・鬼嫁は男を成長させるし、愛されるのですね。

5-3

どんなことでも全肯定して支え合うのが本当の愛

ジョン・M・ゴットマン『結婚生活を成功させる七つの原則』第三文明社、2007

最強の仲良しカップルになりたい・真の〝居心地のよさ〟、〝癒し系彼女〟の極意を知りたい・私は間違っていないはずなんだけどケンカになってしまう……そんな方に特におすすめ。

パートナーに求められる役割は、時代とともに変わります。男性は仕事、女性は家庭といった性別役割分業は1980年代から徐々に崩れ始め、今では夫婦二人ともそれぞれが、仕事のストレスを抱えて帰宅するケースがほとんどになりました。そんな今、パートナーに期待する大きな役割は「受け止めてくれること」。

軽く聞き流したり、心のこもっていないお決まりの対応ばかりしていると、人は「受け止めてくれる別な人」を求めてしまうもの。そうなりたくないなら、この本が役に立つことでしょう。

著者のゴッドマン博士は、ジョン・グレイ博士、アーサー・アーロン博士（吊り橋理論を実証。本書で紹介している『ひといちばい敏感なあなたが人を愛するときＨＳＰ気質と恋愛』の著者エレイン・Ｎ・アーロンの夫）とともに、世界中の恋愛本で最も引用されて続けている〝三人の博士〟のひとりです。

彼は夫婦の言動からわずか5分で、この夫婦が今後幸福な結婚生活を送るのか、それとも離婚するのかを言い当てることができ、その正確さはおよそ91％とのこと。中世なら妖しい予言をする悪魔《サタン》と見なされ、間違いなく火あぶりにされることでしょう。今の時代に生まれて、本当によかった。

イベントよりも〝なんでもない日常〟

職場でのストレスが二人の生活の不満を生む大きな原因になっていると、ゴッドマン博士は主張します。

たとえば女性の場合、外で男性上司の世話をし、帰宅すると再度男性の世話をすることにうんざりする時もあるかもしれません。

長年カップルを観察してきた著者は、ストレスを溜めて帰宅した時は、お互いにある程度時間をとって気持ちが落ち着いてから二人が向き合う時間をとることを提案しています。

女性だけが帰宅したらすぐ、イライラしながら食事の支度をするという悪夢のような習慣はもう終わらせて。これからはテイクアウトやウーバーイーツなどのデリバリーサービスをどんどん利用しましょう。

まず、帰宅したらストレス発散を日課に。ソファでごろごろする、スマホでSNSをチェックする、ネットフリックスやYouTubeを観るなどをして気を鎮《しず》めます。それから二人で、その日の出来事を話し合う時間を持ちましょう。

著者は、相手が自分を十分理解していると感じる喜びに勝るものはないと言います。パートナー円満の秘訣は素敵なレストランでの食事や、たまの休暇旅行にあるのではなく、日常生活のちょっとしたことで相手と真剣に向き合うことの中にあるのです。

一部の男性パートナーは「まずは帰宅してダラダラ」している貴女に、不満を持つかもしれません。そうなる前に「仕事から帰ったあとは、私も気分転換の時間が必要なの」と早めに伝えておきましょう。食事の支度は交代制にしてもいいですね。

究極の〝癒しトーク〟をマスターせよ！

二人のトークの中にお節介なアドバイスは不要です。重要なのは相手を理解し、ストレスを和らげるということ。パートナーの役割は、相手の問題を解決するのではなく、相手を支えてやることだと、著者は言います（ジョン・グレイ博士も、ほぼ似たようなことを述べています）。

そして、何がなんでもパートナーを支持する側に立ちましょう。たとえ「理屈に合ってないな」と思っても、敵対する側につかないこと。

では、さっそく以下のシナリオで練習してみましょう。

例題1

妻の姉が二カ月前に貸したお金を返してくれないと、妻をどなり散らした。妻は実の姉から罵倒《ばとう》されたことで傷ついてしまった（妻はたしかに姉から金を借りていた）。

その時、あなたなら何と言う。（P.139）

例題2

夫が上司に昇給を申し出、拒絶された。彼は怒って、上司のオフィスを荒々しく出た。今彼は、これで上司が彼に悪い評価を下すのではないかと悩んでいる。

その時、あなたなら何と言う。（P.140）

例題3

妻が高報酬の就職の面接試験に遅れてしまった。今、試験でふるい落とされるのではないかと悩み「私ってなんてばかなんだろう。自分でも信じられない」とつぶやいている。

その時、あなたなら何と言う。（P.140）

回答のサンプル

例題1

「お姉さんに傷つけられて大変だったね。僕（私）がついているよ」と、パートナーの気持ちを思いやる言葉から始め、決してひとりではないことを表現して励まします。パートナーの身内への悪口は、控えるのが鉄則です。

例題2

「あなたが後悔している気持ち、よくわかるよ。後悔や反省ができる、あなたの優しさが好き」。このように「よくわかるよ」「優しさが好き」と相手に寄り添い、味方であることをはっきり伝えましょう。

例題3

まずは反論をせず、「そう思いたくなる気持ち、わかる。わかるよ」といったん受け止めてから「自分はそう思わないけどね」と優しく伝えます。闇社会についての深く濃いルポルタージュを多数出版したあと脳梗塞を発症した、文筆業の鈴木大介さんは「（本人の）苦しさを否定する人には頼れない」と述べています。ここは一度〝共感〟してから、やんわりと否定するのがいいでしょう。

……こういったやり取りは「一緒に喜怒哀楽を分かち合う仲間」だという認識を強め、二人の〝絆〟を強化します。一度高度に設定された〝絆〟は、そう簡単には切れないのです。

最後に……

結婚生活を改善させるノウハウやテクニックはこの世にたくさんあるけれど、どれも実行は容易ではありません。相手の「はァ？　そんなことありえないでしょ」という主張にも我慢して耳を傾けたり、共感するような態度をとる。相手が何を考えているかわからなく、イライラして問いただしたい気持ちをぐっと抑え、黙って見守るetc……多くの著者が提案するパートナーシップ改善のテクニックは妥協、譲歩、あきらめといった心の変容を伴い、それらはハッキリ言って「苦痛」です。心の底にパートナーに対する愛と尊敬がなければこんな苦行、できないです。

逆に言えば「この人を愛し続けよう、尊敬し続けよう」と思える相手なら、たいていの困難も頑張って乗り越えることができるのですよね。M・スコット・ペック博士は『愛すること、生きること』（創元社、あのカルロス・ゴーンの愛読書としても有名）で「怠惰は愛の反対である」と述べています。だから、貴女がもし「この人だわー」と運命を感じる相手に出会ったら、何をさて置いても彼を手に入れ、愛し続けるための努力をして欲しいと思います。

5-4

穏やかで温かく、ほっこりと癒される愛し方こそ至高

アミール・レバイン、レイチェル・ヘラー『異性の心を上手に透視する方法』プレジデント社、2016

彼に言いたいことが言えずストレスを溜め、結局ケンカになるパターンを繰り返している・恋愛体質を直して「重い女」を卒業したい・科学的、心理学的視点からの「おすすめの男性」を知りたい……そんな方に特におすすめ。

いつも恋愛が長続きし、当たり前のように本命扱いされ、やがては自然に結婚していく人がいます。その一方で、いつも短時間のうちに出会いと別れを繰り返したり、いつも不安状態で心が押しつぶされるような恋愛に苦しんでいたりする人がいます。

「なんでいつもこうなるの……?」。この差、実は「アタッチメント行動」(愛情の対象を自分に引き寄せるための行動)の違いによって生じている可能性があります。

貴女がこれからの恋愛で安定した幸せな関係を築きたいなら、この本を参考にし、アタッ

チメント行動について学びましょう。

安定型の気質を身につけ、安定型の彼とつき合う

大人のアタッチメント行動にはSタイプ（安定型）、Nタイプ（不安型）、そしてVタイプ（回避型）という3つのタイプがあります。すべての人がこのタイプのどれかに当てはまり、場合によってはNとVの両タイプを持っている人もいるのだそう。

●Sタイプ（安定型）：相手と親密になるのは自然なことと思うタイプ。愛情深い人柄の人が多い
●Nタイプ（不安型）：相手との親密さは不可欠と思うタイプ。時には夢中になり過ぎたり、相手が愛してくれないのではないかと不安にさいなまれたりする
●Vタイプ（回避型）：親密さは自由の損失を意味し、常に相手と距離を置こうとするタイプ

アタッチメント理論が示すのは「恋愛関係において、私たちはロボットのようにあらかじめ決められた行動をするようにプログラムされている」ということ。愛情面において私たちが目指すのに望ましく、そしてパートナーとしてつき合うのに望ましいのはSタイプの安定型です。逆に、恋愛で苦労している人のほとんどはNタイプかVタイプ……。もし

貴女がそうなら、気質をSタイプに寄せていきましょう。

アタッチメントタイプは変えることができるのだそう。研究によれば、なんと4年のうちに平均して25%の人のアタッチメントタイプが変化するというのです。さらにSタイプの相手とつき合えば、恋愛でイジイジと悩むことがとても少なくなります。

なぜならSタイプの人は、パートナーに対して自然に愛情を表現し、いろいろ悩まずに、相手との深い結びつきを築くことができるからです。感情の波が穏やかで、恋愛でもどっしりと構えています。また、自分のニーズや感情を素直に表現できるのが大きな特徴です。

自分の気持ちやニーズを率直に表現することは、相手が魔法のようにあなたの気持ちを読み取ることを期待するよりも意味のあることです。(P.227)

また、パートナーが幸せかどうかは自分にとっても大事なことだという考えを持っているのがSタイプ。同時に、自分をハッピーにしてくれる人に自然と惹かれてしまう気質を持っています。

貴女が目指すべきSタイプへの道

自分の愛情タイプを変えるにはどうしたら良いのでしょう。

まずは過去につき合ったことのあるSタイプの人か、身近にいるSタイプの人の考え方や行動の仕方を思い出して、それをマネすることで自分をSタイプの考え方に寄せていきましょう。

Sタイプの人は、相手を以下のように扱います。

- パートナーにとって、あなたの幸せが第一である
- あなたに秘密を打ち明けてくれる
- あなたの意見がとても重要だ
- 愛され、守られていると感じる
- 親密さを求めると、より深い愛情で応えてもらえる（P.192）

NタイプやVタイプの人の多くは、このような関係は存在しないと思ってしまうようです。しかし著者は、NタイプやVタイプの人も現実に存在しますが、人口の50％以上はSタイプであると言います。まずはその事実を信じるのが、Sタイプへの第一歩です。

彼の「安全基地」になる

いつでもパートナーに頼ることができ、特に自分が大変な時には「大丈夫だよ。あなたにはできるよ」と励ましてくれたら、人は、パートナー以外にも関心を向け、人生を有意義なものにすることに集中できます。

いつでも帰ってこれる港……彼にとっての安全基地になることを目指しましょう。

写真家・篠山紀信の夫人である歌手の南沙織さんは「ふるさと持たないあの人の　心の港になりたいの（by「早春の港」）」と歌いました。昭和ののんびりした歌謡曲ですが、心の中でこっそり歌うと、気分は「彼を優しく見守る健気な乙女」です。私はこの曲を「愛着理論の歌」と名付け、大切に聴いています。

最後に……

Sタイプの穏やかな愛じゃものたりない、ときめくような恋愛こそ至高だと思ったり、パートナーに甘えられ頼られる関係に抵抗を感じたりする人こそ、この本を読んで欲しいです。

ただ、読み進めていきますと「Sタイプの特徴を見せる人は普通すぎてつまらない人と思われたり」などと書いてあったりで、私は「Sタイプって『いい人だけどモテない』と言われるタイプなのかな」と少し不満に思っていました。しかし本書でも紹介した『ひといちばい敏感なあなたが人を愛するとき』では、アーロン博士は安定型（Sタイプ）について「当然、多くの人からパートナーとして求められる」と書いてあり、戸惑いはなくなりました。

ちなみにアーロン博士は安定型になるには、自分を温かい目で見守り、頑張っている自分を優しく親切に思いやることが大切だと述べています。

とはいえ、私はVタイプ的な素っ気なさを完全に捨てる必要はないと思っています。なぜなら、親密さを究《きわ》め、二人が一体になり過ぎると、やがて相手に性的興味が失われていくからなのです。世界的に活躍している心理療法士でエロスの権威、エステル・ペレル女史は名著『セックスレスは罪ですか？』（武田ランダムハウスジャパン）で以下のように述べています。

「秘密の花園を持ちなさい。二人が一体になることはエロティズムの臨終である」と。

現代の恋愛では、親密性とともに「距離」を保つことも非常に需要なのです。もし、俗にいう〝溺愛〟を貴女が目指しているのなら、二人の間の「不確かさ」や「謎」を全部埋めようとせず、少し残しておいて下さいね。

5-5

ほめればすぐに愛されると勘違いしている貴女に

ゲーリー・チャップマン『愛を伝える5つの方法』いのちのことば社、2007

なんとなく彼と噛み合っていない気がしてイライラしてしまう・彼が何を考えているのかわからない・愛されている実感が全然なくてつらい……そんな方に特におすすめ。

いつまでも「愛されている」「大切にされている」という思いを感じていたい。パートナーとつき合った時、結婚を決めた時……誰もが最初はそう願っていたはずです。

それなのに、いつの間にか「Ai～愛がたりない（by 久宝留理子）」。

お互いの思いが噛み合わなくなり、別な人に愛を求めようとマッチングアプリを彷徨《さまよ》ったりして……そんなありがちな恋愛模様、もしかしたら貴女も経験済みかもしれませんね。

貴女のして欲しいことが、彼のして欲しいこととは限りません。

貴女の「愛されたい」というニーズが先行し過ぎて、相手の気持ちを見失っていませんか？

愛を的確に提供できる人は、様々なコミュニティの中で最終的には〝ひとり勝ち状態〟になります。当然、モテます。愛されます。

この本はそのような愛のひとり勝ち、愛のカースト上位を目指そうとする貴女に贈る、彼が望んでいる愛し方、そして貴女が望んでいる愛され方を理解し、的確かつピンポイントに「痒《かゆ》い所に手が届く」ような愛を表現するための、世界で随一の教科書です。

自分のして欲しいことが、相手のして欲しいこととは限らない

著者は愛情表現の方法を「肯定的な言葉」「クオリティ・タイム」「贈り物」「サービス行為」「身体的なタッチ」の5つに分け、これらを〝愛の一次言語〟としました。

貴女が日本語のわからない相手にいくら日本語で気持ちを伝えても通じないように、愛情表現も相手に通じる〝愛の一次言語〟を使わないと、相手に「愛されている実感」は伝わりません。逆に相手が愛情表現をしても、それが貴女の〝愛の一次言語〟から外れていれば、貴女の心には少しも響かないのです。

著者によると、人は誰でも「愛のタンク」を心の内側に持っていて、愛を感じることで、そのタンクは満たされるのだそうです。車のオイルタンク同様、お互いの愛のタンクをいっぱいに満たし合うことが、二人にとっての最重要課題なのです。

1 肯定的な言葉

賞賛や感謝の言葉は、愛の偉大な伝達手段です。なかでも、気持ちを素直にシンプルに表現する言葉が最も効果的です。（P.44）

相手をほめたり、感謝の言葉を伝えるのは大事だということを、たいていの人はわかっているはず。それをかなり意識し、普段から前向きに表現していきましょう。ただし、要注意なのは……。

「自分のしてほしいことを相手にさせる目的でお世辞を使え」と言っているわけではありません。（P.48）

普段から本やウェブ、テレビや映画で「これは使える！」と思った愛情表現の言葉はメモしてまとめておきましょう。スマホのメモアプリならすぐ見られるし、音声入力もできます。実際に使った日付も入れておきましょう。

ふっと心に浮かんだ愛情と感謝を伝えるのには、ラブレターも有効。かわいい付箋に何か一言書いて、なにげなく渡すのもいいですね。他の人がいる前で、彼をほめるのも好印象です。

励ましの言葉、優しい言葉、そして謙虚な言葉など、〝肯定的な言葉〟にはいろいろな種類がありますが、著者は、謙虚な言葉の例として、相手にお願いごとをすることもすすめています。なぜなら、それは相手の価値や能力を肯定していることになるから。相手に能力があるということを認める愛情表現になるのです。

2 クオリティ・タイム

> 「クオリティ・タイム」とは、誰かに丸ごとの注意を注ぐことです。（P.70）

まず「充実した会話」を意識します。相手に注意を集中し、お互いの素直な気持ちや思い、将来の夢や願いなどを共感しながら、打ち解けて会話する時間を作りましょう。「相手はどんな気持ちでいるのかな」と思いをめぐらせながら、話を聴くことが大切です。

> 有意義なアクティビティも、この言語に含まれる一つの方言です（訳注・アクティビティ〈activity〉とは、趣味、行事、行動、作業などの様々な活動を包括的に意味する言葉）。（P.91）

一緒に食料品を買いに行く時は、あれこれ相談しながら二人で選びましょう。ハイキングなどの山歩き、温泉めぐりなど……自分のしたいことだけではなく、乗り気じゃなくてもそれが相手のしたいことなら、思い切って貴女も挑戦してみましょう。一緒に何かをすること、それは相手に愛を示すことになるのです。

3 贈り物

贈り物は、それだけで「私は貴方のことを思っています」という愛情表現になります。また、貴女自身が贈り物にもなりえます。相手が一緒に過ごしたいと思っている時に、そばにいてあげることが、何よりも代えがたい贈り物になるのです。

学者の広井良典さんは著書『ケア学 越境するケアへ』（医学書院）の中で「（前略）ケアとは、その人に『時間をあげる』ことである、といってよいような性格をもっている。あるいはその人と『ともに時間を過ごすこと』自体がひとつのケアである、と考えてもよいように思われる」と述べています

ここで言うケアとは、医療的な意味の他に「相手を気にかける」「愛する」という意味合いも含んでいる幅広い言葉です。贈り物も、相手をケアする気持ちを込めて贈りたいものです。

4 サービス行為

相手がして欲しいことをやってあげるというシンプルな行為ですが、これも愛情表現になりえます。押しつけがましくなく、相手がして欲しいことをしましょう。ただこれも「尽くすことで、相手を思い通りにする」ものではありません。あくまでも愛情表現です。

キリストは「あなたがたの中で偉くなりたい者は、皆に仕えるものになり、いちばん上になりたいものは、すべての人の僕《しもべ》になりなさい」(マルコ一〇・四三～四四)と言いました。牧師でもある著者は以下の聖書の言葉を引用し、サービス行為の大切さを示しています。

「愛をもって互いに仕えなさい」(ガラテヤ五・一三)(P.122)

恋愛や夫婦関係のみならず、ビジネスなどのコミュニティの場においても、忘れずにいたい一節ですね。

5 身体的なタッチ

セックスはもちろん究極の愛情表現ではありますが、ここでいう「身体的なタッチ」はそれだけではありません。相手にものを渡す時、肩に手をおいたり、二人でテレビを見る時、そっと寄り添ったりすることも素敵な愛情表現です。

著者は「体は触れるためのもの」とまで言い切っています。

車を降りてお店まで歩く時などに、手をつなぎましょう(もちろん、小学生以下の子どもを三人連れている場合は無理ですが)。

「大好き!」と言いながら肩や背中を軽くさすってあげましょう。そうしてさらりと

> 腕を離して、その前にやっていたことに戻るなり、次にやらなければならないことに進むなりしてください。(P.167)

とはいえ、日本人がいちばん苦手かもしれないのが、この「身体的なタッチ」。私たちもかっこよくかわいく、相手に触れるようになりたいものですね。

上記の5つの中で、どれが自分に合う愛の一次言語なのかを知るヒントは、「相手がしてくれないことでいちばん傷つくのは何か」「相手にいちばんよくお願いしたことは何か」ということにあります。貴女がパートナーに否定的なことを言われることが何よりもつらいなら、貴女の愛の一次言語は「肯定的な言葉」ですし、貴女がいつもパートナーに贈り物をもらうことを願っているのだとしたら、愛の一次言語はきっと「贈り物」です。もちろん、パートナーの愛情言語について思い当たることはないか、熟考してみるのは言うまでもありません。

英語ですがこの本の公式サイトの「LOVE　LANGUAGE　QUIZ」(https://www.5lovelanguages.com/quizzes)で愛の一次言語をチェックこともできますし、この本の末尾にも確認テストがあります。二人でチャレンジできれば最高ですね。

そもそも〝愛する〟ってなんでしょう？

愛する気持ちは、何もしなくても自然に伝わるもの。私たちはいつのまにかそう思ってしまいがちです。でも、今二人の関係がギクシャクしているのなら、貴女の、または彼の愛がそれぞれの心に届いていない可能性大です。

M・スコット・ペック博士は著書『愛すること、生きること』（創元社）で、「愛は努力なしにはありえない。それどころか、労多いものなのである」と述べています。

つまり、愛されたいなら「愛する値打ちのある人」になるのが唯一の方法。愛される報酬（見返り）を求めず、ひたすら自分を育てていけば、やがて愛される報いが訪れるものなのだというのです。

この本の著者であるチャップマン師も、「愛とは、あなたが『相手のために』何かをしてあげることです。『自分のために』することではありません」「ただ、相手の益となるために、そうすることを選ぶのです」と述べています。「愛すること」を貴女のいちばんの趣味とし、さらに日常の習慣として行う。貴女の人生のど真ん中に、愛を置きましょう。

最後に……

次項で紹介している『夫婦・カップルのためのアサーション　自分もパートナーも大切

にする自己表現』の著者、心理学者の野末武義さんは、『家族心理学』(有斐閣)で男性は「自分の思っていることや気持をふだんから率直に話している人は非常に少ない」と指摘しています。

男性は感情を表に出したり、自分の感情に気がつきにくい傾向があるそうで、それを「規範的な男性の失感情症(normative male alexithymia)」と呼んでいるのです。そして女性は、そんな男性の気持ちを理解できないばかりか「何も考えていない人」「感情のない冷たい人」と思い込んでいる人が少なくなく、パートナーのことを発達障害だと疑っている女性も珍しくないとのことでした。そういう男性に対しては、性急に言語化を求めないで、共感的、受容的態度で臨み、時には気持ちを代弁し引き出すようにしていくことで、次第に自発的な発言が増えていくと述べています。

確かにこの野末さんの指摘通り、二人のコミュニケーションが上手くいかないのは、きっと彼がアスペ、またはADHDだからと決めつけている女性を時々見かけます。

男性も様々な葛藤を抱え、「弱さ」や「傷つきやすさ」を持っているということを周囲が認めることが大切だと思いました。男性も女々しくていいのです。女々しいという言葉自体、いずれ死語になるでしょうけど。

5-6

彼に自分の本当の思い・不満を上手に伝える方法

野末武義『夫婦・カップルのためのアサーション 自分もパートナーも大切にする自己表現』金子書房、2015

彼に言いたいことがなかなか言えなくてつらい・彼にイライラして泣いたり、文句が止まらなくなる時がある・彼にちょっと面倒な頼みごと（家事の分担やお金のことなど）をする時のコツが知りたい……そんな方に特におすすめ。

よく聞く恋のお悩み……それが「彼に言いたいことが言えない」です。

その結果、「察してちゃん」という超面倒くさい生き物になったり、逆に「ザ・都合のいい女」になって断りたいことも断れないまま、彼にあまり大事にされなくなったりしている人が多いようです。

また、本書でも紹介した『恋愛依存症 苦しい恋から抜け出せない人たち』の著者、心理学者の伊東明さんによると恋愛依存症に陥りやすい人というのは「無理をしてまで他人に合わせてしまったり、理不尽な頼み事にもノーと言えなかったり、逆にすぐに怒りや欲求不満を相手にぶつけてしまい波乱を巻き起こすということもある。よって、心地よい関係を長期にわたって続けていくことが難しい」傾向があるのだそうです。

本当の自分を出す勇気が持てずにいると、いつまでたっても会話が「当たりさわりのないどうでもいいお話」で終始し、相手の心の奥に入り込むことはできません。その結果、「かけがえのないたったひとりの女《ひと》」になることが難しくなってしまうのです。

これからもずっとずっと言いたいことが言えず、恋愛で心が病んでしまう日々が続くのは……つらいですよね。あまりのつらさから逃げるように勢いで結婚したとしても、また「言えない地獄」が続くのだとしたら……その前になんとか克服したいところです。

そこでぜひ身につけて欲しいのが「アサーション」というテクニックです。アサーションでは、自己表現を3つのパターンで考えます。

たとえば〔恋人関係〕の例でみますと……。

〝貴女には同棲している彼がいます。ある日の晩、彼は友達と仕事の打ち合わせに出かけ、そのまま明け方の四時ごろに帰ってきました。貴女はそこまで遅くなるとは思っていなく、また連絡もなかったので、不安でいっぱいになりイライラしながら待っていました〟

非主張的な人↓帰ってきたのを見て、彼には何も言わず黙って寝たフリをする

攻撃的な人→「一体今まで何をやってきたのよ！　今何時だと思ってるの！　一晩中寝かさないつもり!?」と、いきなり怒鳴る

アサーティブな人→「とても心配したのよ。早く帰ると思っていたから不安になってね。大丈夫だったの？　遅くなるのなら連絡が欲しかったな」と、相手を責めるのではなく、しかし自分の気持ちははっきりと伝える

アサーションとはすなわち、「自分も相手も大切にする自己表現」です。

これからは、言いたいことがいえないこじらせキャラ……たとえばドラえもんののび太のような「非主張的な人」ではなく、ジャイアンのような自分だけを大切にする「攻撃的な人」でもない、さわやかに言いたいことが言えるしずかちゃんのような「アサーティブな人」を目指しませんか。

心理学者の柏木惠子さんは『日本の夫婦：パートナーとやっていく幸せと葛藤』（金子書房）で、「恋愛とはコミュニケーションによる相互理解と支援を核とする連帯です。この『相互にわかり合える』ことが、人々が結婚に求める『心理的安定』につながるのです」と述べています。

カップルの様々な問題を解決するには、コミュニケーションがとても大切です。二人がより親密になる手段として、このアサーションの技術を役に立てて欲しいと思います。

アサーションを学ぶための良書は多数ありますが、ここではカップルに焦点を当てたこ

ちらの『夫婦・カップルのためのアサーション』を紹介します。

夫婦・カップルにおける〝アサーション権〟とは?

なかなか言いたいことが言えない貴女に、ぜひ知って欲しいのが「アサーション権」のこと。

これは一言で言うと「自分の気持ちや欲求を表現してよい」という権利です。この本では次の8つの権利を紹介しています。

❶誰でも、パートナーに自分の気持ちや考えや欲求を表現してよい（P.116）

男性でも女性でも、仕事の立場や収入の多さ少なさに関係なく、私たちは誰でも自分の言いたいことを言うことができるのです。

❷私たちは、パートナーとの関係において、自分らしさを大切にしてよい（P.117）

どんなに愛し合っている二人でも、いいえ、むしろ愛し合っているからこそ、何もかも相手に合わせなくてもいい、それぞれの趣味や価値観を大切にしていいのです。

時には真剣に話し合うなど時間がかかることもありますが、自分のやりたいことを優先したり、時には相手に譲ったりできるのが仲良しカップルです。

❸真面目に聴き、受け止めてほしいとパートナーに求めてよい (P.118)

相手が話を聞きたがらない態度をとったり、適当にはぐらかしたりすると、「この人はわかってくれない」「もう話しても無駄」だと考えて、私たちは話し合いをあきらめてしまったり、逆にブチギレてしまったりしがちです。しかし、この本では真面目に聴いて欲しい、受けとめて欲しい、理解して欲しいという自己表現を丁寧にし続けることをすすめています。

❹私たちは、パートナーに対して不完全であってよい (P.119)

完璧な彼女や奥さんは目指さなくていいのです。相手に対してもそれは同じこと。時には相手を傷つけてしまうことも、傷つけられてしまうこともあります。傷つけてしまったその時は素直に謝り、関係の修復を目指していきましょう。

❺パートナーにしてほしいこと、してほしくないことを言ってよい (P.120)

❻パートナーからの依頼や要求を断ってもよい (P.121)

たとえば、「今日は疲れているから……」と夕食の準備をお願いしたり断ったり、セックスをお願いしたり断ったりしてもいいのです。もちろん、お願いの仕方や断り方については工夫をしたほうがいいのですが、まずここでは「自分の希望は言ってもいいんだよ」ということを理解して下さいね。

むしろ、自分の希望や要求を素直に伝えた方が愛されるということは、特に知っておいて欲しいです。

❼ パートナーとの関係において、傷つくことがあってよい（P.123）

たとえ傷ついても、作り笑顔で……という昭和の演歌みたいな価値観は忘れて下さい。ちゃんと「傷ついたし、悲しい」と表現していいのです。それはもちろん男性だって同じこと。「男は人前で○△するもんじゃない」的な価値観もザ・昭和です。

❽ 自己主張しない権利（P.124）

すごーく言いたいことがあっても、相手が忙しそうだったり疲れていたりする時は「言わない」選択もあります。「言えない」と「言わない」の区別をしっかりできるように意識しましょう。

これらアサーション権は、単に「言いたいことを言うための心得」というだけでなく、私の周りの「愛されキャラ」の人が自然に持っている特徴でもあります。

そう、モテている人ほど無意識にアサーション権を行使しているのです。

話し合いのためのステップ・セリフづくりに「DESC法」を活用しよう

下田美咲さんは『最強の愛され妻になるための25のルール』（KADOKAWA）で、「妻として愛されるために大事なことはカノジョ時代のそれとはかなり別物」とし、夫に言いたいことを言う時は「やはり、それなりに時間をかけて準備をする」つまり、台本を作るそうです。

台本、とまではいかなくても大切なことを伝える時の下準備に役立てて欲しいのが、この本『夫婦・カップルのためのアサーション』で紹介されている「DESC法」です。

1　D（Describe 描写する・記述する）(P.172)

パートナーと解決したいと思っている事柄を「具体的・客観的」に伝えます。

2　E（Express 表現する・Explain 説明する・Empathize 共感する）(P.173)

Dで述べた事柄についての自分の主観的な感情を冷静に伝えます。

3　S（Specify 具体的な提案をする）(P.173)

パートナーにして欲しい行動を、解決策、妥協策として具体的に提案します。

4　C（Choose 選択する）(P.174)

パートナーが素直に提案を受け入れてくれるとは限りません。パートナー自身も断る権利を持っています。答えが「イエス」の場合、「ノー」の場合、そして中間の場合などの対策も考えておきましょう。

以下は、この本に載っている具体例から、私が今風にアレンジしたものです。

〈具体例〉

D「子育てのことなんだけど。今までずっと私が保育園の送り迎えをやってきたよね」

E「今まではそれでもよかったんだけど、あなたがテレワークになってから昼食も作って夕食も作って、気もつかって……体力的にもメンタル的にもにキツくなってきているの」

S「来週からでいいので、保育園の送り迎えをお願いしたいの」

〈イエスの場合〉

C「ありがとう。すごく助かる。できないときには言ってね」

〈ノーの場合〉

E「今年からテレワークになって、あなたも大変なのは知ってる」

S「だからむしろ気分転換として、送り迎えをお願いしているの」

〈それでもノー場合〉

E「私も大変なの」

D「私はそれを毎日やってきたの。私自身の仕事もある中、あなたもテレワークになってから家事が増えたし、気をつかうようになって」

E「最近、このままじゃキツいなって感じているの」

この本では「Eは感情を表現することであって、感情をぶつけることではありません」と述べています。感情をぶつけての修羅場の演出は、交渉決裂を呼び込むだけです。また、相手を動かそうと「じゃあ、私も考えがある」など脅迫的なことは言わないようにして下さい。

ただし、下田美咲さんは「本当に泣けてきたときは、全力で泣きましょう」と涙の力も駆使することをすすめています。さらに、神崎メリさんは本書でも紹介した『「恋愛地獄」、「婚活疲れ」とはもうサヨナラ！〝最後の恋〟を〝最高の結婚〟にする魔法の「メス力」』で、お願いごとには「甘えん坊チャンネル」を使うことをすすめています。かわいい声と甘えたしぐさでお願いごとをする具体的な方法は、神崎メリさんのYouTubeチャンネルで観ることができますので、参考にして下さい。

ただし、本当に大切なお願いは居住まいを正した〝真顔〟で、決死の覚悟で伝えたほうが良いと私は思います。

最後に……

〝コミュニケーション能力〟がよく取りざたされていますが、一周回って今の時代、営業職でもない限り、言うほど重要視しなくてもいいスキルかなって私は思っています。

リアルなコミュ力より文章力を磨いたほうがLINEやSNSで存在感出せるし、それより自分のできることや好きなことに集中したほうが能力伸ばせるし、人生が楽しそうです。ただ唯一、ここで紹介したアサーションだけは知っておいて欲しいし、磨きこんで欲しい。自分を守るための武器にして欲しいのです。

社会という大海の中を小舟に乗って漕ぎ出している私たち。自分のオールを自分で漕ぎ、「おまえが消えて喜ぶ者におまえのオールをまかせ（by 中島みゆき）」ないための、アサーションはたったひとつの武器だと思って取り組んで欲しいと思います。

あのひろゆきさんも、昔は雑談が苦手だったのだそう。そこで練習したのが、独り言を言うことでした。思ったことをなんでも口に出してみるようにする。おもしろいことを言ってウケることは意識しない。必要なのは「ちょっとした勇気」だけなのですね。

もし不安ならメンタリストDaiGoさんのように、自分で自分の話を「おもしろいですよね」と（本当はそれほどおもしろくなくても？）言い切っちゃうテもあります。

家族心理学の大御所、岡堂哲雄さんは「かつて祖父母たちが愛する孫たちに教えた『わたる世間に鬼はない』という古い諺（ことわざ）には、世間で出会う人々を敵対者と見ることなく、尊敬と信頼で交わる大切さを教えたという意味で、人間同士の絆を強めるための知恵があったように思われてならない」と述べています。最近は「渡る世間は鬼ばかり」と間違って覚えている人がいそうですが、本当は「鬼はない」ですから!! 貴女もこのことわざに倣《なら》い、怖がらずに勇気を出して「世間様」に自分を開いてみて下さい。それがアサーションの極意ではないでしょうか。

5-7

〝ものすごく愛される〟コツはシンプル&ストレート

ものすごい愛『ものすごい愛のものすごい愛し方、ものすごい愛され方』
KADOKAWA、2019

恋愛指南書の駆け引きやモテテクが苦手・そのうち絶対に素敵な彼氏に会えるって信じたい・いつまでもラブラブで幸せなカップルの実例が知りたいけど、本当に実在するの?……そんな方に特におすすめ。

恋愛の駆け引きやモテるためのテクニックを駆使しなくても、どストレートに振る舞っているだけで素敵な彼をゲットし、普通に上手くいっている人っていますよね。

恋愛でよく言われる「愛されるには、まず自分を愛しましょう」を息を吐くように実践している彼女たちが、普段どんなふうに考え、何を心がけているのか知りたい……それなら、もうこの本しかありません。

「ものすごい愛」にまみれた生活

著者（名前はそのまま〝ものすごい愛〟）は現在、夫と「悩みゼロ・不安ゼロ・悲しみゼロのマインドで難しいことなど何ひとつ考えず、人生はなんて楽しいんだ！　愛にあふれていてサイコーかよ！」と毎日明るく楽しく健やかに暮らしているそうです。

夫は「わたしのことが世界で一番好き」で、デートがとても上手だといいます。

帰り道、「今日のデートはとても楽しかった。お昼に食べたカレーがとてもおいしかったね。連れていってくれてありがとう。欲しかった本が売り切れていて残念だったけれど、一緒に探してくれて嬉しかった」とわたしが伝えると、夫は「おれもすごく楽しかった。ずっと連れて行きたかったお店だったから、おいしかったと言ってもらえてとてもうれしい。本が見つからなくて残念だったけど、そうやっておれが付き合ったことにきちんと感謝してくれる君と結婚できておれはほんとうに幸せだ」と返してくれる。（P.42）

このようなうらやましくて溜息モノの愛にあふれた日々を送る著者は、会う人たちに〝ポジティブゴリラ〟と揶揄されるほどの、自己肯定感の塊。

そのポジティブな思考は、自分が生きやすくなるためにやっているだけなのだそう。

“わたし”は、悩むと疲れるから悩まないし、気になると気になってしょうがなくなるから気にしないし、深く考えると他のことができなくなってしまうから深く考えないし、生きていたら楽しいことがあるのを知っているから死ななければいい。そう思って、生きている。（P.132）

ものすごい愛さんの「心の整理整頓術」とは？

■欲しいものは自分の気持ちを伝え自らの手で捕まえる。望む運命は力ずくで引き寄せる

著者は北海道で学生をしている時に、関西在住の男性とメールのやり取りをしていて話が盛り上がり、どんどん仲良くなっていきます。連絡を取り始めて一か月後、彼のもとに旅立ち、出会った二時間後に「どうする？　わたしと付き合う？」と聞きます。彼も「付き合う！」と即答。その彼が今の旦那様です。

■自分のことを好きでない人に好かれる努力をするのは無駄。自分のことを好いてくれる人に好かれ続けるために精一杯努力をする

告白して振られた時は「わたしと付き合ったら絶対に楽しいのにもったいないな……」。男性に別れ話をされた時は、いったんは絶望しても、「わたしと向き合おうともしない相手に、心をすり減らしてまで向き合おうとする必要はないな！」と思い直します。

■お互いの時間を無駄にし、感情をすり減らすことがないように、相手とのコミュニケーションは怠らない

正の感情「うれしい、楽しい、大好き」を伝えるのは当然ですが、著者は負の感情も口に出します。

「わたしは今とてもイライラしている。仕事で上司から理不尽な要求をされて嫌な気分になった。普段なら帰宅する前にきれいさっぱり消化して家には持ち帰らないところだけれど、生理前でガッツリＰＭＳ中のため感情のコントロールが思ったようにいかず、まだイライラが持続している。とりあえず黙って話を聞いてほしいけれど、アドバイスや慰めはいらないのでただ相づちだけ打ってくれ。それが終わったらしばらくほっといてほしい。機嫌が直ったらまたこちらから報告するので、あとはいつも通り接してほしい」と伝え、やがて収まれば「もう機嫌は直りました、要望を黙って聞いてくれてありがとう」と言います。相手も「君がどうして欲しいか言ってくれたおかげで下手なことをせず平和に解決できてよかったよ」と返し、ハッピーエンドになるのです。

著者は周囲から「旦那さんってどんな人?」って聞かれたときは「世界で一番いい男です」と答えていると言います。そしてこの24時間３６５日ラブラブの生活は、周囲の「夫婦が幸せなのは最初だけ」などの〝予言〟をよそに、今も継続中！　その様子は著者のTwitterなどで確認できます。

最後に……

最小限の大事なモノだけで暮らす、〝ミニマリスト〟というライフスタイルがあります。不要なモノは徹底してストイックに切り捨て、心から愛せるモノだけを大切にして暮らすという生き方には、確固たる自信を感じます。

モノはなかなか減らせない私も、恋愛や人間関係は選び抜いた人を大切にする——ミニマリストでいたいと思っています。ものすごい愛さんの「世界で一番いい男です」という言葉に、私は恋愛のミニマリズム……大切な人を一度選んだら徹底して愛そうとする、強さと潔さを感じます。

ミニマリストという言葉を世に知らしめた作家の佐々木典士さんは『ぼくたちに、もうモノは必要ない。』(ちくま文庫)で「感謝だけが『飽き』に対抗できる」と述べています。人はモノごとに対して、たとえどんなに愛していても「慣れ」から「飽き」に移行してしまいます。そのどうしようもない仕組みに、対抗できるのは唯一感謝だけだというのです。「感謝をすることだけが、すでに『飽きている』ものを『ありがたい』と思いなおし、新鮮な気持ちで日常を見なおさせてくれる。感謝を通して、当たり前のことは当たり前でなくなる。感謝で『刺激』を作りだすことができるのだ」と。

二人がいつまでもラブラブで仲良しでいられる秘密。それはきっと、相手に対して「感謝」の気持ちをずっと持ち続けることにあるのでしょう。

5-8

沼っている貴女のためのスパルタ式恋愛アドバイス

ニャン『かっこ悪くて、くだらなくて、でも安心できる。人はそれを愛と呼ぶ。』
大和出版、2022

かしこい大人の意見じゃなくて、共感しながらも厳しいことを言ってくれる……そんなアニキの意見が聞きたい・データや実験で浮かび上がってきた「皆さん」の話ではなく「私たち」の恋の話がしたい・つらい恋をしている自分を否定しない誰かに受け止めて欲しい……そんな方に特におすすめ。

私たちは大人のものさしで「恋愛」を斬りがちです。世間の社会規範の中で、その恋の「あり」「なし」を判断し、何かにつけて「やめなさい」とアドバイス。これではまるで、就職について、誰に対しても一律「就職するなら安心安全の公務員がいちばんでしょ」とおすすめするようなものです。世の中には様々な魅力的な仕事であふれているというのに。

本来、恋愛は自由なもの。制限はないはず、です。

ですが、私たちは「年齢離れすぎ」「アプリの出会いは危険で信用できない」「遠距離は上手くいかない」「会社は恋愛をする場所ではなく、仕事をする場所だから」などともっともらしいことを言ってしまいます。

そういった昔からの「恋愛常識」に捉われない、自分の頭で感じた・考えたZ世代の恋愛観が知りたいのなら、この本がおすすめです。

もちろん、Z世代ではない私たちにも刺さりますし、恋愛観をアップデートするためにも読んで欲しいです。

愛って何？　恋って何？

著者にとって愛し合う関係とは、「自分を偽らない、親友みたいに安心できる関係」とのことです。

じゃあ、友達でもいいのでは？　と思ってしまいますが、本書でも紹介したジョン・M・ゴッドマン博士も「幸福な結婚は夫婦の深い友情から成り立つ」と述べています。

ドキドキする恋は誰とでもできるけど、安心感でいっぱいになれて、心が落ち着く愛は、誰とでもできるわけではないのだから。(P.16)

つき合う前に相手のことをわかったつもりになったところで、実はほとんどわかっていないもの。著者は「付き合ってからネタバラシされて失望するのが恋の常套手段なのだよ」

と述べています。そう、つき合ったら相手にがっかりすることは避けられないのです！
いくつかの「がっかり」をお互いに重ね合い、それでも好きで居心地良き関係でいられるのが「愛し合っていること」になるのです。

付き合う前に見せている顔なんて、相手に好かれるように作り上げたものでしかないからだ。（P.37）

（前略）「ずっと愛情が冷めないようにしよう」「嫌いにならないでね」なんて、相手に求めてもいけない。（P.128）

ニャンさん流「ゆる恋愛」のすすめ

そして著者は、以下のように書いています。

恋人とファミレスで、くだらない話がしたい。
何時間でも話していたい。
親友のような関係がいい。（P.13）

かっこつけなくて、お互いに〝素〟を受け入れ合えるような関係が理想的だということです。

著者は、以前はお互いが成長できて高め合えるような、刺激的な関係を理想としていたそうです。でも今は、ゆるい関係が良いと感じるようになりました。

それに、「怠惰な自分」を認めてくれる人がいる人生は心強い。(P.87)

私たちはどんどん変化していく時代に対応し、それに合わせて生きていくのに精いっぱい。外では常に緊張状態に晒されています。だから、恋人の前くらいは仮面を外してのんびりしたい。だから、帰宅したらすぐ靴下を脱いで裸足になったり、ソファでダラダラ過ごしても許し合えるような関係が良いのです。

サザエさんの波平や、ドラえもんののび太のお父さんは会社から帰宅したらゆったりとした着流しに着替えていました。今は女性も仕事をしている時代、お互いジャージでごろごろしたり、ファミレスで何時間も過ごせるような関係が現代の「幸せなカップル像」なのかもしれません。

恋愛で「自分アップデート」しよう

とはいえ、恋愛には努力も必要です。長渕剛がいろいろ歌っているように、幸せになりたければ、自分からつかみにいくしかないからです。

たとえばデートの時、特に嫌なこともなく、むしろ楽しかったと言えるのに、なんだかめちゃくちゃ疲れてしまった……そのような場合について、著者の答えは明確です。

> 要するに相手が格上すぎるのだ。
> 自分を「格下」として接するため、２人の楽しい時間は審査のような地獄の時間に変わってしまう。(P.19)

こういう感覚を味わった時、著者は、ひたすら自分の「知識、容姿、経験に投資する」ようにしているとのことです。わかりやすい！

素敵すぎる相手とのデートでは、むしろ言葉にならないような敗北感を味わうこともあるのです。悔しいけれど、これも自分が成長するチャンスとして捉えましょう。

さらに著者は片思いや遠距離恋愛についても、読者に対して容赦のない言葉を投げかけます。

> 叶わない片思いがなぜ苦しいのか？
> それは、圧倒的な「自分の魅力の足りなさ」に目を向けることになるからだ。(P.25)
> よく「遠距離恋愛で、一方だけが会いにいくために、一方にだけ負担がかかりすぎて

> 金欠になってしまう」という相談を受けるが、それは甘えだと思う。会いたいためだけに必死で働けばいい。（P.52）

そう、身も蓋《ふた》もなく厳しいのです。恋愛が上手くいくのもいかないのも、努力次第ですべては自己責任である、ということでしょうか。新自由主義的な恋愛観……ネオリベチック・ラブ・イデオロギーと、私は名づけたいです。

どんな恋でも、あっていい

しかし著者は、決して守旧派的（昔からの習慣・制度などを守る勢力）ではなく、ありがちな大勢の意見や社会規範に則《のっと》らず、自分の価値観を大切にしています。そこがZ世代なのかな、と思います。

> 本当に必要のない機能は進化とともに消えていくのが生き物のルールであるから、浮気や不倫をする人が存在し続ける意味はきっとあるのだろう。（P.30）

> 肯定も否定もしない。
> 自分で責任さえ取ればいいのだから。（P.30）

と、ここでもやはり著者は新自由主義的な恋愛観を述べています。

> 「痛みを請け負う覚悟」さえあれば、私はどんな恋をしてもかまわないと思っている。
> (P.33)

だから著者は、恋愛では他人の声に従うよりも、自分の心の声に耳を傾けることをすすめているのです。

> 世間体を気にしてする恋ほどつまらないものはないからだ。
> 周りから不幸に見える恋でも、自分自身が幸せなら、それでいい。(P.35)

沼っている貴女に捧げる厳しいアドバイス

〝ニャン〟で検索すると「メンヘラホイホイ」という言葉が釣れるほど、そのテの女性に人気がある……と思いきや、それに甘んじている著者ではありませんでした。

> 「男に、なんとかしてほしいと期待している間は、誰と付き合っても、君は地獄に突き落とされるだろう」(P.123)

> 最近の甘ったれた世の中は、「彼に幸せにしてもらう」と思いこんでいる女性が多すぎて、私は溜め息が出る。（P.123）

と、受け身の「構《かま》ってちゃん」には大変厳しい言葉を投げかけるのが、現在のニャンさんなのです。

たとえば彼氏がデートで出かけることを渋るのは、デートが癒しではなく「仕事」になっているからなのだろうと述べています。男性がデートの企画立案をし、デート代を負担し、さらに彼女の機嫌までとらされるのは大変な重労働なのですよ、と。

だから、たまにはその仕事を肩代わりしてあげる。10回に1回でもいいから、彼の好きなデートを貴女が計画し、デート代も負担する。それだけで、貴女は友達に自慢したくなるような〝特別な彼女〟になれるのです。

> 最後に、「男性って、こんな人ばかりなのか……」と嘆く女性へ。
> 男も同じくらい、女性に対して失望しているので安心しなさい。（P.17）

最後に……

ニャンさんの今までの著作、私はすべて読んでいます。そして今回の著作では「子どもだ子どもだと思っていたのに、なんと素敵な大人の男になったことよ」と素直に感動しました。

この著作でニャンさんは幼い恋愛から決別し、むしろ自分が「一度通った道」から抜けられない女子に厳しい言葉を投げかけています。価値観がコロコロと変化するこの世界に「ニャン、ここにあり」という一本の杭《くい》を打ち込むような、等身大で生々しい言葉は、「大人女子」（照）の私にも大変参考になりました。

作家の千田琢哉さんの『人は、恋愛でこそ磨かれる』（三笠書房）には、「正々堂々と、不器用に生きよう。正々堂々と本命を好きになろう」とあります。そして「人は本気で生きなければ、不器用にはなれない」とも。

本命を、本気で好きになりましょう。そのためには、努力も必要だし、傷つく覚悟もまた必要だけれど。

正々堂々と本気で生きる道を選んだニャンさんが日々、素敵な男へと成長し続けているように、私たちも本気で好きになった人と一緒に、成長し続けたいものです。

Chapter 6

幸

幸せの青い鳥は、
貴女の手の中にある

辛いという字がある
もう少しで幸せになれそうな字である
——星野富弘『速さのちがう時計』より

6-1

最後に、幸せという名のお城を支える土台を作りましょう

ANNA『本当に好きな人とずーっと幸せになる本』廣済堂出版、2014

恋愛本や婚活本、情報商材を読んでも、相変わらず私の恋愛は上手くいかない・見た目も性格も普通、むしろ良いほうに寄っていると思うのにモテないのはなぜか?・みんな自分よりも幸せそうに見えて妬ましく、本当に苦しい……そんな方に特におすすめ。

書店の中の「女性向けエッセイ・恋愛」というコーナーの中で、長い間レコメンドされ続けている著者のひとりが、ANNAさんです。

ある時ANNAさんは「この人を手に入れるためなら何でもする」と狙った男性に自分が持てる恋の手練手管を総動員し、落とすのに成功しました。ところがその後「彼の前で本当の自分を出す」ようにしたら、急にお互いの恋愛感情が消えてしまったそうです。

本当の自分を出せば上手くいかなくなる関係では、せっかくつき合えても、結婚しても

「ずーっと幸せ」でいるのは難しいですよね。

ちなみに今のご主人とは、著者が結婚生活に耐えられなくなり一度離婚したあと、「出会い直して」復縁をなさっています。

そのような恋愛と結婚を通じて著者は「『ずーっと幸せ』のために本当に必要なものは、『かわいい、キレイ、美人、若い』ではない！　ほかにあるのだ！」と気がつきました。

それが「ものさし」という考え方です。

「ものさし」とは物の長さを測る道具のことですが、この本で著者は、

「あなたの意識的な、あるいは無意識の『ものの見方』や『考え方』であり、思考や行動、選択のパターンのようなもの」

をものさしと定義し、「『ものさし』を磨くことが、幸せになる最短距離」であると述べています。

そう、本当の「自分磨き」とは、「ものさし磨き」のことなのです。(P.24)

この本の中から、私（藤本）が特に重要だと感じた「土台のものさし」、そして「最後のものさし」をお伝えします。

恋愛を上手くいかせるために必要な土台とは？

いろいろな恋愛本やコラムを読んでもなかなか思うようにいかなかった人は、このANNAさんの「土台のものさし」を頭にしっかりインストールしてから、それらのメソッドに取り組むときっとうまくいくでしょう。

1 すべては原因があるから、結果があると知る

貴女は「彼氏のテンションが下がった」「全然モテない」「好きな人から好きになってもらえなくて、どうでもいい人ばかり寄ってくる」などのお悩みが、突然湧いて出てくるものだと思っていませんか？

これらの悩みの前には、必ず「原因」があります。そしてその「原因」にも「原因」があり、そのまた「原因」にもまた「原因」があるのです。その結果、今の貴女という「結果」があるのです。

> しかし本当は、「結果」は自分の現実的な努力で変えられます。
> いいえ、自分の現実的な努力でしか変えられません。（P.42）

貴女の望む「結果」を得るためには、現実的な努力をして対策を取らなければいけないのです。占いやおまじないなどに頼っても、「結果」は変えられません。

望む運命を引き寄せるためには、現実的な努力が必要なのです。

2 正しく現実認識をする

現在の彼との関係、自分のスペックおよび彼のスペック、そして彼の自分に対する「脈《みゃく》」の程度……これらを「こうだったらいいな♪」とアバウトに捉えるのではなく、正確に理解するようにしましょう。「これだけ私は彼を愛しているのだから、きっと彼も愛してくれるはず」というのは貴女の願望にすぎません。

そして、今おつき合いしている人がいない場合でも、「自分で今、何を選択できるのか」と考えてみましょう。「彼氏が欲しい。でも〝出会い活動〟をするのはイヤ」「やせたいしキレイになりたい。でも食べたいものを食べたいし、美容にお金かけるのはもったいない」では、欲しい結果を一生手に入れることはできません。

3「目的地」を確認する

たとえば、お目当ての彼がいても、彼と最終的にはどうしたいのか――つき合いたいのか、結婚したいのか、友達のままでもいいのか――本書によれば、それをわかっていない人が多いらしいのです。

「え、そんな人がいるの？」と読んで驚きましたが、考えてみると私も、大好きだったけれど結婚だけは勘弁と思っていた彼と執着心でつき合っていた過去を思い出しました。

彼と自分との関係について、深く考えることを後回しにせず「つき合う」「結婚する」「新しい人を探すまでのキープ」など「目的地」をしっかりと定めましょう。

4「結果」には「プロセス」があることを知る

宇宙やその他にお願いするだけで「誰もがうらやむ幸せな結婚」や「仕事で大成功」「YouTubeでもさらに成功」「いつでもビキニになれる素敵なボディ」などが引き寄せられ、貴女は有名インフルエンサーになり毎日がハッピー――などということはありません。

彼から連絡が途絶えたり、親から交際を反対されたり、ポッコリお腹にスカートのゴムが食い込んできたり、ＳＮＳで誰もイイねを押してくれなかったり――そんな〝しょぼい〟出来事ばかりが、貴女を襲うことでしょう。

そのひとつひとつに対峙し、解決に向けて努力した結果に未来の幸せや成功があるのです。

YouTubeのＣＭでは突然理想のすっきりボディになるような、いきなり肌のシミがぽろぽろ落ちてきれいになるような動画が流れていますが……実際は空腹とつらい筋トレに耐えたり、レーザー治療の痛みと赤剝けに耐えたりしなければならないのが現実です。

まずは目の前のことに取り組み、「目的地」までそれをコツコツとつなげていきましょう。

5 今を「延長」させて考える

著者は、「私は誰かを好きになった時点で、その人との未来がわかります」と言うとみんなから驚かれるそうです。

しかし、今の二人の「現在地」がわかっていたら、そして彼の「脈」をしっかり把握していたら、この先どうなるかは実は誰にでもわかってしまうものなのです。むしろ、わからないと言っている人は目をつぶって見えないフリをしているだけではないでしょうか。

結婚したいけど、まったくその気のない彼とつき合っている。やせたいのに、普通にピザを食べてポテチも毎晩一袋空けている。……結果がどうなるかなんて、貴女にもわかりますよね。未来がわかるというのは魔法ではなく、誰にでもできることなのです。

6 目的地から「逆算」する

たとえば、この本では、「目的地」を「本当に好きな人と、ずーっと幸せ」に設定してあります。その「目的地」から「逆算」した場合、「そのためには、どんな人とつきあう必要があるのだろうか?」「私はどんな努力をする必要があるのだろうか?」という考えをするのです。（P.62）

これら、1~6の土台があって初めて、本書も含め、私のこの本で紹介してきた恋愛のすべてのメソッドが成功に向かって動き出します。だからここで紹介した「土台」はきっちりと頭に入れて欲しいのです。

幸せな恋愛のために必要な「合流」の感覚

「ずーっと幸せに」いられる人とはどんな人なのでしょう?

それを著者は、

「ずーっと幸せ」にいられる相手＝リラックスできる、本音を表現できる相手（P.177）

と定義しています。

そして、そのために大切なのが「合流」の感覚だと言います。

著者は「この感覚がなければ幸せな恋愛はできない」と言い切っています。

「合流」の感覚とは、相手と自分が溶け合う感覚、お互いに自分を開示し合い、影響を与え合うような感覚のことです。

仲良し夫婦はだんだん似てくるといいます。親友も価値観や笑いのツボが同じになってきて、一緒にいるのが楽しくなっていきますよね。そのような感覚です。

この「合流」の感覚がつかめないと、どんなに美人で性格がよくても恋愛がなかなか長続きしないのです。

著者によるとそういう長続きしない人は、

●自分の弱みを見せない
●実は相手の話に興味が持てない、理解する気がない
●感情表現が少ない

という特徴があるそうです。女性同士だとそうでもないのに、なぜか男性には弱みを見せなかったり、壁を作ってしまったりする人もいます。貴女も身に覚えはありませんか？

そしてすべての前提として重要なのが、「自分を出せる」「合流できる」です。（P.194）

「自分そのもの」を出した上で、あなたのことを「この人だからいい」と思ってくれる人を選びましょう。（P.195）

「最後のものさし」で、幸せな本命彼女になる

実は、「幸せ」って貴女の「もちもの」だったのです！

そんな私が「幸せ」に足を踏み入れることができたのは、「幸せ」とは、「いつか」「どこか」にあるものではなく、「自分のもちもの」なのである、ということに気づきはじめてからでした。（P.227）

遠くにあるものではなく、最初から貴女に属しているもの。つまり、貴女がいつも手放さないスマホやかわいいエコバッグ、お化粧ポーチとほぼ一緒だったのです、幸せって。

もちろん、生きるということは思い通りにならないことばかりです。だからつらい状況

でも幸せを感じなさいなどというつもりはないと著者は言います。**つらい状況になったのは、貴女が原因ではないかもしれません。しかし、そのつらい状況をいかようにでも変える原因を、貴女は作ることができるのです。**

> 「ずーっと幸せ」の「原因」にあなたがなる。
>
> これが最後の「ものさし」です。（P.228）

著者が「仲良くなったり近づいてくるほとんどの男性から本命視される」のは、男性に「この人といるとずーっと幸せでいられそうだ」と感じさせることができたからなのです。

> 「幸せ」の「原因」は自分である、の「ものさし」をもっている人、もっていない人は、まとっている雰囲気が明らかに違います。
>
> この「ものさし」をもっている人は、さわやかで、優しくて、明るくて、いっしょにいると「ずーっと幸せ」でいられそうだなあ、という感じがするので、本当に素敵な人から「ずーっといっしょにいたい」と望まれます。（P.229）

貴女自身が「幸せ発生装置」になる。これが幸せな恋愛に必要な「最後のものさし」なのです。

最後に……

結婚とは、「本当に好きな人とずーっと幸せになる」ことであり、決して「結婚市場における女性の価値」や「条件」と結婚することではない。そして、絶対にずーっと幸せでいられる相手はいると信じて婚活して欲しい。

そんな著者からの強いメッセージを、私はこの本から感じました。

同時に「あきらめないで」という優しい励ましとともに「本当に結婚したいのなら、それなりの努力をしましょう」という厳しさを感じ、身が引き締まりました。

著者がいきつけの串焼き屋さんにいる時、とつぜんおりてきたという恋愛方程式の解。

それは、「私はあなたが好き。（でも）私はひとりでいても楽しくて幸せ」でした。

このメッセージを言葉だけでなく、貴女の行動や存在のすべてから彼に感じさせることができたら、貴女の魅力はずーっと続くと、著者は最初の作品『大好きな人が振り向いてくれる本』（大和出版）で述べています。

同時に、貴女自身が「幸せ発生装置」でいること。

このことを貴女の心のポシェットに入れて、ななめ掛けしていましょう。それがこれからも〝ずーっと幸せ〟であり続ける極意です。

むすび

恋愛本をたくさん読んでいると、様々な矛盾にぶつかります。たとえば、以下のような。

①ありのままの自分でいいの？　それとも自分を変えたほうがいいの？

②追う恋愛と追わせる恋愛、どちらが正しいの？

③愛するように努めたほうがいいの？　それとも愛されるために頑張ったほうがいいの？

極めて良質なジョーク本である『ビジネス書ベストセラーを１００冊読んで分かった成功の黄金律』（徳間書店）の著者、堀元見氏は「（ビジネス書を大量に読んでいくと）結局どうしたらいいかわからなくなる」と述べていますが、恋愛本も同じような問題に突き当たります。

これらについて、私は以下のように〝真面目に〟考えています。

①「自分を変えるか変えないか論」について

ありのままの自分を知り、受け入れる。それは決して自分をあきめることではありません。

ジェーン・スーさんは『きれいになりたい気がしてきた』(光文社)で「自己受容と諦観は別物よ」と述べています。

自分を知らなくては、自分を変えることはできないのです。

②「追うか追わせるか論」について

恋愛は相手があって成立します。

相手に自分を追えと強制することはできないし、追いたくなくても好きになったら追いかけてしまうのが恋。時には追う側になったり、追われる側になったりと変化するのが恋であり、この変化を何度も二人で乗り越えると、やがて愛に変わります。

③「愛するか愛されるか論」について

愛する努力も、結局は愛されるためなのです。

愛されないかもしれないという恐怖を乗り越えて愛することを選択した者が、最終的には愛されます。自らの命を懸けて人を愛したイエス・キリストは、時空を超えて人々に愛され続けているのです。

恋愛や結婚において「出会いがない」というのは過去のお話で、今はその気にさえなれば、スマホをポチポチするだけで簡単に異性に出会える時代です。

そして簡単になったが故に、また新たな現象が生まれています。

①「つき合うという定義の多様化」、②「別れの即席化」、そして、③「ひとりの人に決められない問題」です。

①では、「つき合う」ということを単なるセックスの同意とみている人もいれば、相手が自分以外の異性と接することを制限する権利を得たと思う人もいます。

②では、別れることや、やり取りを止めることをLINEブロックで簡単に済ませる人も増えてきました。

③では、アプリで様々な異性と交流できる手軽さや楽しさを継続するために、ひとりに絞ることを望まない人も見受けられます。

これらは出会いの機会が大量発生したために、出会いの希少性が薄れたことが原因だと私は考えています。

そのような中、貴女はたとえばファストファッションのＴシャツではなく、ハイブランドのＴシャツにならなくてはなりません。

取り替えの効く、シーズン毎に使い捨てされてしまうようなＴシャツではなく、いつまでも簞笥《たんす》の奥に大切にしまい込み、アイロンがけや糊《のり》付けまでされてしまうようなＴシャツになるのです。

そのための一助として、この本で紹介させていただいた珠玉の名著の数々を、ぜひとも読んでいただきたいと思います。

そしてできれば、それらを人目につかないようにとクローゼットの奥にしまい込んでおかず、書棚に堂々と並べてくださるとうれしいです。

今は無理でも、いつかは「貴方を愛し、そして愛されるために私はこれだけの本を読んだのですよ」と示すことができる美しさと強さを持っていただければと願っています。

この本の執筆に当たり、ぐっどうぃる博士から多大なるご指導を賜《たまわ》りました。博士の力強い後押しをいただいて、この本は何とか出版に漕ぎ着けることができました。

また、江波戸裕子様、そして廣済堂出版の伊藤岳人様には多大なるご尽力を頂きました。

そして、恋ユニのお友達エリン様、幸子様、タカコ様、なっち様、りな様には数年にわたり暖かい励ましをいただきました。

この場を借りてお礼を申し上げます。

藤本冬蘭

参考文献（引用箇所順）

スタンダール『恋愛論』杉本圭子（訳）、岩波文庫、2015

スゴレン「『無邪気でかわいい』と思える女性の小さなイタズラ9パターン」
https://girl.sugoren.com/report/1871、2016

酒井順子『オリーブの罠』講談社現代新書、2014

益若つばさ『TUBASA REAL』KADOKAWA、2020

門りょう『北新地の門りょう ナンバーワンキャバ嬢の仕事とお金と男のホンネ』トランスワールドジャパン、2018

鈴木涼美『JJとその時代 女のコは雑誌に何を夢見たのか』光文社新書、2021

山田玲司『キラークエスチョン』光文社新書、2009

山田玲司『モテない女は罪である』大和書房、2014

河合隼雄『河合隼雄のカウンセリング教室』創元社、2009

下園壮太『目からウロコのカウンセリング革命』日本評論社、2008

エリザベス・キューブラー―・ロス『死ぬ瞬間』鈴木晶（訳）、読売新聞社、1998

中野京子『新 怖い絵』角川文庫、2020

NHK「ETV特集 最後のレッスン ～キューブラー・ロス 死のまぎわの真実～」2004
https://www.nhk.or.jp/etv21c/update/2004/1225.html

花登筐『銭の花 細うで繁盛記 旅館山水館』
https://www.youtube.com/watch?v=jlipoy1IH4U

望月明美『愛されるために――愛されるための39のエッセンス』フォーシーズンズプレス、1998

ぐっどうぃる博士『恋で泣かない女になる61のルール』講談社、2009
田中康夫『恋はビジネス』角川書店、1989
二村ヒトシ『すべてはモテるためである』イースト・プレス、2012
代々木忠『生きる哲学としてのセックス』幻冬舎、2018
佐々木典士『ぼくたちは習慣で、できている。増補版』ちくま文庫、2022
バーバラ・デ・アンジェリス『本当に好きな人とめぐり逢う本』玉置悟（訳）、ワニ文庫、2001
伊田広行『デートＤＶと恋愛』大月書店、2010
内閣府男女共同参画局「男女間における暴力に関する調査」
https://www.gender.go.jp/policy/no_violence/e-vaw/chousa/pdf/r02/r02danjokan-1.pdf
湯山玲子『文化系女子という生き方 ～「ポスト恋愛時代宣言」！』大和書房、2014
羽林由鶴『癒し系の女性になるヒント』青春出版社、2012
羽林由鶴『人見知り女子の恋愛法則「また会いたい」と言われる人になる！』KADOKAWA　2013
川崎貴子『愛は技術　何度失敗しても女は幸せになれる。』ベストセラーズ、2015
コレット・ダウリング『シンデレラ・コンプレックス』木村治美（訳）、三笠書房、1982
榊原洋一、高山恵子『最新図解　女性のＡＤＨＤサポートブック』ナツメ社、2019
スーザン・フォワード『その恋を捨てる勇気がありますか』早稲田出版、1993
ピア・メロディほか『恋愛依存症の心理分析　なぜ、つらい恋にのめり込むのか』水沢都加佐（訳）、大和書房、2001
メロディ・ビーティ『共依存症　いつも他人に振りまわされる人たち』村山久美子（訳）、講談社、1999
エマ『愛され革命　運命の彼を一生恋させるのは愛し上手な〝女神女子〟』大和書房、2020
蝶々『オンナの自由　あなたはあなたのままで、何がいけないの？』河出書房新社、2016
蝶々『恋する女子たち、悩まず愛そう　小悪魔Ａ』集英社、2009

参考文献

宮澤結弦『自分史上最高の愛され顔になれる女子アナメイク』サンマーク出版、2016

渡辺明日香『量産型ファッションの実態調査を基にした若者のファッション意識』共立女子短期大学生活科学科紀要、2018

ANNA『彼と〝思いどおりの関係〟になれる本 つい、恋が〝空回り〟してしまうあなたへ』大和出版、2016

岡田隆『新しい筋トレと栄養の教科書』池田書店、2019

小倉千加子、上野千鶴子『ザ・フェミニズム』筑摩書房、2002

上野千鶴子、田房永子『上野先生、フェミニズムについてゼロから教えてください!』大和書房、2020

越智啓太『美人の正体 外見的魅力をめぐる心理学』実務教育出版、2013

髙木洲一郎『摂食障害のすべて』日本評論社、2020

千秋『不思議ちゃん』宝島社、2011

神崎メリ オフィシャルブログ「【重要】メス力やる上の気持ちのありかた」
https://lineblog.me/tokyo_nadeshiko/archives/9437344.html 2021、2022年7月28日アクセス

神崎メリ『大好きな人の「ど本命」になるLOVEルール 〝運命の彼〟にめぐり逢い、ずーーーっと愛され続けるための秘密の法則』
大和書房、2022

神崎メリ『ど本命の彼から追われ、告られ、秒でプロポーズされる! 秘密の「メス力」LESSON』SBクリエイティブ、2020

神崎メリ『なぜかいつも「ど本命」に愛される女性の4つの習慣』永岡書店、2021

宣伝会議 アドタイ「『結婚しなくても幸せになれるこの時代に…』コピーに共感、ゼクシィCM誕生の舞台裏」
https://www.advertimes.com/20171207/article262533/ 2017、2022年7月20日アクセス

中村光『聖☆おにいさん20』講談社、2022

「Wikipedia, the free encyclopedia」John Gray (American author)
https://en.wikipedia.org/wiki/John_Gray_(American_author) 2022年7月14日5時(日本時間)現在での最新版を取得

【恋愛】神崎メリ『イケメンと付き合える女のマル秘テク』
https://youtu.be/q9Hgq2arp84

高田明和『ＨＳＰとうつ　自己肯定感を取り戻す方法』廣済堂出版、2019

「おまえに」岩谷時子、1972

Wedekind, Claus, et al. "MHC-dependent mate preferences in humans." Proceedings of the Royal Society of London. Series B: Biological Sciences 260.1359 (1995): 245-249.

江藤あおい＋永島もえ［アボカド・アッシュ］『婚活マーケティング　いい男はマーケティングで見つかる』ディスカヴァー・トゥエンティワン、2009

信田さよ子『母からの解放　娘たちの声は届くか』ホーム社、2016

斎藤環ほか『母と娘はなぜこじれるのか』ＮＨＫ出版、2014

シェイクスピア『シェイクスピア全集3　マクベス』松岡和子（訳）、ちくま文庫、1996

エレン・ファイン、シェリー・シュナイダー『ルールズ　理想の男性と結婚するための35の法則』田村明子（訳）、ベストセラーズ、1997

東畑開人『居るのはつらいよ　ケアとセラピーについての覚書』医学書院、2019

鈴木大介『「脳コワさん」支援ガイド』医学書院、2020

「平成31年度東京大学学部入学式　祝辞」
https://www.u-tokyo.ac.jp/ja/about/president/b_message31_03.html

ローラ・ドイル『サレンダード・ワイフ　賢い女は男を立てる』中山庸子（訳）、三笠書房、2007

Ｍ・スコット・ペック『愛すること、生きること』氏原寛ほか（訳）、創元社、2010

エステル・ペレル『セックスレスは罪ですか？』高月園子（訳）、武田ランダムハウスジャパン、2008

ゲーリー・チャップマン『愛という名の贈り物　人との関係をよくする7つの鍵』いのちのことば社、2010

中釜洋子、野末武義ほか編『家族心理学〔第二版〕家族システムの発達と臨床的援助』有斐閣、2019

共同訳聖書実行委員会『中型引照つき聖書　旧約続編つき　新共同訳』日本聖書協会、2012

広井良典『ケア学　越境するケアへ』医学書院、2000

参考文献

岡堂哲雄『家族心理学講義』金子書房、1991

柏木惠子、平木典子『日本の夫婦 パートナーとやっていく幸せと葛藤』金子書房、2014

下田美咲『最愛の愛され妻になるための25のルール』KADOKAWA、2020

平木典子『アサーション・トレーニング さわやかな〈自己実現〉のために』金子書房、2009

平木典子『アサーション入門 自分も相手も大切にする自己表現法』講談社現代新書、2012

ダイヤモンド・オンライン「ひろゆきが『雑談ぎらい』を克服した『ある練習』」
https://diamond.jp/articles/-/287602 2021.11.28

佐々木典士『ぼくたちに、もうモノは必要ない。』ちくま文庫、2019

千田琢哉『人は、恋愛でこそ磨かれる』三笠書房、2012

ANNA『大好きな人が振り向いてくれる本 ムリめの彼 気のない彼 愛が冷めた彼』大和出版、2009

ANNA『どうしても忘れられない彼ともう一度つきあう方法 完全版』廣済堂出版、2017

ANNA「本当に好きな人とずーっと幸せになるセミナー」第1回
https://www.youtube.com/watch?v=8rO3W8SRtbc 2015

本当に使える恋愛本を1冊にまとめてみた
最高にして最後の恋が叶う41の恋愛名著

2023年1月30日　第1版第1刷

著　者　藤本冬蘭
監修者　ぐっどうぃる博士

発行者　伊藤岳人
発行所　株式会社廣済堂出版
〒101-0052
東京都千代田区神田小川町2-3-13 M&Cビル7F
電話　03-6703-0964（編集）
03-6703-0962（販売）
Fax　03-6703-0963（販売）
振替　00180-0-164137
URL　https://www.kosaido-pub.co.jp/

印刷・製本　精文堂印刷株式会社

装丁　小口翔平＋嵩あかり（tobufune）
イラスト　ツルモトマイ
本文DTP　清原一隆（KIYO DESIGN）

SPECIAL THANKS　ハンス ユーゲン・マルクス（司祭・神学博士）

JASRAC　出2209484-201

ISBN978-4-331-52383-4　C0095